Gebete für jeden Tag des Lebens

Gebete für jeden Tag des Lebens

benno

Bibliografische Information der Deutschen Nationalbibliothek.
Die Deutsche Nationalbibliothek verzeichnet diese Publikation in der Deutschen Nationalbibliografie; detaillierte bibliografische Daten sind im Internet über http://dnb.d-nb.de abrufbar.

Besuchen Sie uns im Internet:
www.st-benno.de

Gern informieren wir Sie unverbindlich und aktuell auch in unserem Newsletter zum Verlagsprogramm, zu Neuerscheinungen und Aktionen. Einfach anmelden unter www.vivat.de.

ISBN 978-3-7462-6374-8 (Ichthys)
ISBN 978-3-7462-6375-5 (Blätter)

Bearbeitet von Annegret und Peter Kokschal, Leipzig
Covermotiv: © Tyler Olsen/Shutterstock (Ichthys)
© stock.adobe.com/Twins Design Studio (Blätter)
Umschlaggestaltung: Rungwerth Design, Düsseldorf
Gesamtherstellung: Arnold & Domnick, Leipzig (E)

Inhalt

Vorwort

Im Gebet sprechen wir zu Gott, unserem Vater, zu unserem Bruder und Herrn Jesus Christus. Wir loben ihn, bringen unsere Anliegen vor und danken für seine Liebe, in der er uns und alles erschaffen hat und erhält, in welcher er uns erlöst und in seine Gemeinschaft berufen hat. Sollte dieses Gespräch mit Gott nicht selbstverständlich und leicht sein, benötigt man dafür ein dickes Gebetbuch?
Die Grundgebete sagen das Wesentliche im Verhältnis von Gott und Mensch aus. Sie sind uns vertraut. Aber dadurch werden sie leicht zur Formel, die unbedacht dahergesprochen wird. Besteht nicht die Gefahr, nur das »Übliche« vor Gott zu tragen, obwohl unser Leben, das Leben der Welt viel mehr umfasst?
Ein Gebetbuch ist kein Lesebuch, das durchgelesen und vielleicht vollzogen wird. Es bietet Anregungen, aus seiner jeweiligen Situation, aus der Situation von Kirche und Welt mit Gott zu sprechen, ihn um Hilfe und Beistand zu bitten und ihn dankbar zu loben.
Das Gebet kann in eine Tiefe führen, die die Jünger erahnten, wenn Jesus zu seinem Vater im Himmel betete.

Sie in diese Verbindung zu Gott mitzunehmen, war das Anliegen ihrer Bitte: »Herr, lehre uns beten!«
Die Evangelien nach Matthäus (6,9-13) und Lukas (11,1-4) überliefern uns die Antwort Jesu. Er lehrt seine Jünger *das* »Gebet des Herrn«, das Vaterunser, als *das* Gebet der Christenheit.
Es enthält in den Du-Bitten das große Anliegen der Verherrlichung Gottes, die zugleich das Heil der Menschen bedeutet, und in den Wir-Bitten die Bitte um Hilfe in den äußeren und inneren Nöten der Menschen. So fasst es in kurzen Worten all die Anliegen zusammen, die im vorliegenden Buch auseinandergefaltet werden.
Es lehrt aber auch, dass es beim Gebet nicht um bloße Worte geht, sondern die innere Haltung des Beters entscheidend ist, wenn es in der Vergebungsbitte heißt: »Und vergib uns unsere Schuld, wie auch wir vergeben unsern Schuldigern.«
Ein Gebet in diesem Geist ist nie vergebens.

A. und P. Kokschal

Gebete der Christenheit

GRUNDGEBETE

Zum Kreuzzeichen

Im Namen des Vaters und des Sohnes
und des Heiligen Geistes. Amen.

Das Gebet des Herrn

Vater unser im Himmel,
geheiligt werde dein Name.
Dein Reich komme.
Dein Wille geschehe,
wie im Himmel so auf Erden.
Unser tägliches Brot gib uns heute.
Und vergib uns unsere Schuld,
wie auch wir vergeben unsern Schuldigern.
Und führe uns nicht in Versuchung,
sondern erlöse uns von dem Bösen.
Denn dein ist das Reich und die Kraft
und die Herrlichkeit in Ewigkeit. Amen.

Apostolisches Glaubensbekenntnis

Ich glaube an Gott,
den Vater, den Allmächtigen,
den Schöpfer des Himmels und der Erde,
und an Jesus Christus,
seinen eingeborenen Sohn, unsern Herrn,
empfangen durch den Heiligen Geist,
geboren von der Jungfrau Maria,
gelitten unter Pontius Pilatus,
gekreuzigt, gestorben und begraben,
hinabgestiegen in das Reich des Todes,
am dritten Tage auferstanden von den Toten,
aufgefahren in den Himmel;
er sitzt zur Rechten Gottes,
des allmächtigen Vaters;
von dort wird er kommen,
zu richten die Lebenden und die Toten.
Ich glaube an den Heiligen Geist,
die heilige katholische / christliche Kirche,
Gemeinschaft der Heiligen,
Vergebung der Sünden,
Auferstehung der Toten
und das ewige Leben.
Amen.

Ave Maria

Gegrüßet seist du, Maria, voll der Gnade,
der Herr ist mit dir.
Du bist gebenedeit unter den Frauen,
und gebenedeit ist die Frucht deines Leibes, Jesus.
Heilige Maria, Mutter Gottes,
bitte für uns Sünder jetzt
und in der Stunde unseres Todes. Amen.

Kleiner Lobpreis des dreieinigen Gottes

Ehre sei dem Vater und dem Sohn
und dem Heiligen Geist.
Wie im Anfang, so auch jetzt und allezeit
und in Ewigkeit. Amen.

Heilige Messe und Gottesdienst

Allgemeines Schuldbekenntnis (kath.)

Ich bekenne Gott, dem Allmächtigen,
und allen Brüdern und Schwestern,
dass ich Gutes unterlassen und Böses getan habe
– ich habe gesündigt in Gedanken,
Worten und Werken –
durch meine Schuld, durch meine Schuld,
durch meine große Schuld.
Darum bitte ich die selige Jungfrau Maria,
alle Engel und Heiligen
und euch, Brüder und Schwestern,
für mich zu beten bei Gott, unserem Herrn.

Beichtbekenntnis (evang.)

Barmherziger Gott, wir bekennen,
dass wir in Sünde gefangen sind
und uns nicht selbst befreien können.
Wir haben gegen dich gesündigt
in Gedanken, Worten und Werken
durch das, was wir getan,
und durch das, was wir unterlassen haben.
Wir haben dich nicht
von ganzem Herzen geliebt,
wir haben unsern Nächsten
nicht geliebt wie uns selbst.
Um deines Sohnes Jesu Christi willen
erbarme dich unser.
Vergib uns, erneuere uns und leite uns,
dass wir Freude haben an deinem Willen
und auf deinen Wegen gehen
zur Ehre deines heiligen Namens. Amen.

Gloria (kath.)

Ehre sei Gott in der Höhe
und Friede auf Erden
den Menschen seiner Gnade.
Wir loben dich,
wir preisen dich,
wir beten dich an,
wir rühmen dich und danken dir,
denn groß ist deine Herrlichkeit.
Herr und Gott, König des Himmels,
Gott und Vater, Herrscher über das All.
Herr, eingeborener Sohn, Jesus Christus.
Herr und Gott, Lamm Gottes, Sohn des Vaters,
du nimmst hinweg die Sünde der Welt:
erbarme dich unser;
du nimmst hinweg die Sünde der Welt:
nimm an unser Gebet;
du sitzest zur Rechten des Vaters:
erbarme dich unser.
Denn du allein bist der Heilige,
du allein der Herr,
du allein der Höchste:
Jesus Christus
mit dem Heiligen Geist,
zur Ehre Gottes des Vaters. Amen.

Gloria (evang.)

Ehre sei Gott in der Höhe
und auf Erden Fried,
den Menschen ein Wohlgefallen.
Wir loben dich, wir beten dich an,
wir preisen dich, wir sagen Dank
um deiner großen Ehre willen,
Herr Gott, himmlischer König,
Gott, allmächtiger Vater.
Herr, eingeborner Sohn,
Jesu Christe, du Allerhöchster.
Herr Gott, Lamm Gottes,
ein Sohn des Vaters,
der du hinnimmst die Sünd der Welt:
erbarm dich unser,
der du hinnimmst die Sünd der Welt:
nimm an unser Gebet,
der du sitzest zu der Rechten des Vaters:
erbarme dich unser.
Denn du bist allein heilig,
du bist allein der Herr,
du bist allein der Höchste, Jesu Christe,
mit dem Heiligen Geist
in der Herrlichkeit Gottes des Vaters. Amen.

Credo

(Das Große Glaubensbekenntnis von Nizäa-Konstantinopel aus dem Jahre 381)

Wir glauben an den einen Gott,
den Vater, den Allmächtigen,
der alles geschaffen hat, Himmel und Erde,
die sichtbare und die unsichtbare Welt.
Und an den einen Herrn Jesus Christus,
Gottes eingeborenen Sohn,
aus dem Vater geboren vor aller Zeit:
Gott von Gott, Licht vom Licht,
wahrer Gott vom wahren Gott,
gezeugt, nicht geschaffen,
eines Wesens mit dem Vater;
durch ihn ist alles geschaffen.
Für uns Menschen und zu unserem Heil
ist er vom Himmel gekommen,
hat Fleisch angenommen durch den Heiligen Geist
von der Jungfrau Maria
und ist Mensch geworden.
Er wurde für uns gekreuzigt
unter Pontius Pilatus,
hat gelitten und ist begraben worden,
ist am dritten Tage auferstanden nach der Schrift
und aufgefahren in den Himmel.
Er sitzt zur Rechten des Vaters
und wird wiederkommen in Herrlichkeit,

zu richten die Lebenden und die Toten;
seiner Herrschaft wird kein Ende sein.
Wir glauben an den Heiligen Geist,
der Herr ist und lebendig macht,
der aus dem Vater und dem Sohn hervorgeht,
der mit dem Vater und dem Sohn
angebetet und verherrlicht wird,
der gesprochen hat durch die Propheten,
und die eine, heilige, katholische
und apostolische Kirche.
Wir bekennen die eine Taufe
zur Vergebung der Sünden.
Wir erwarten die Auferstehung der Toten
und das Leben der kommenden Welt. Amen.

Sanctus (kath.)

Heilig, heilig, heilig, Gott,
Herr aller Mächte und Gewalten.
Erfüllt sind Himmel und Erde
von deiner Herrlichkeit.
Hosanna in der Höhe.
Hochgelobt sei,
der da kommt im Namen des Herrn.
Hosanna in der Höhe.

Sanctus (evang.)

Heilig, heilig, heilig
ist der Herr Zebaoth.
Alle Lande sind seiner Ehre voll.
Hosianna in der Höhe.
Gelobt sei,
der da kommt im Namen des Herrn.
Hosianna in der Höhe.

Agnus Dei

Lamm Gottes,
du nimmst hinweg die Sünde der Welt:
Erbarme dich unser.
Lamm Gottes,
du nimmst hinweg die Sünde der Welt:
Erbarme dich unser.
Lamm Gottes,
du nimmst hinweg die Sünde der Welt:
Gib uns deinen Frieden.

PSALMEN – GEBETE DER BIBEL

Am Morgen

Dies ist der Tag, den der HERR gemacht hat;
wir wollen jubeln und uns über ihn freuen.
Psalm 118,24

Segen

Güte und Schönheit des Herrn, unseres Gottes,
sei über uns! Lass gedeihen das Werk unserer Hände,
ja, das Werk unserer Hände lass gedeihn!
Psalm 90,17

Am Abend

In deine Hand lege ich voll Vertrauen meinen Geist;
du hast mich erlöst, HERR, du Gott der Treue.
Psalm 31,6

Psalm 8:
Die Herrlichkeit des Schöpfers – die Würde des Menschen

HERR, unser Herr,
wie gewaltig ist dein Name auf der ganzen Erde,
der du deine Hoheit gebreitet hast über den Himmel.
Aus dem Mund der Kinder und Säuglinge
hast du ein Bollwerk errichtet wegen deiner Gegner,
um zum Einhalten zu bringen Feind und Rächer.
Seh ich deine Himmel, die Werke deiner Finger,
Mond und Sterne, die du befestigt:
Was ist der Mensch, dass du seiner gedenkst,
des Menschen Kind, dass du dich seiner annimmst?
Du hast ihn nur wenig geringer gemacht als Gott,
du hast ihn gekrönt mit Pracht und Herrlichkeit.
Du hast ihn als Herrscher eingesetzt
über die Werke deiner Hände,
alles hast du gelegt unter seine Füße:
Schafe und Rinder, sie alle und auch die wilden Tiere,
die Vögel des Himmels und die Fische im Meer,
was auf den Pfaden der Meere dahinzieht.
HERR, unser Herr,
wie gewaltig ist dein Name auf der ganzen Erde!

Psalm 23:
Der gute Hirte

Der HERR ist mein Hirt,
nichts wird mir fehlen.
Er lässt mich lagern auf grünen Auen
und führt mich zum Ruheplatz am Wasser.
Meine Lebenskraft bringt er zurück.
Er führt mich auf Pfaden der Gerechtigkeit,
getreu seinem Namen.
Auch wenn ich geh im finsteren Tal,
ich fürchte kein Unheil;
denn du bist bei mir,
dein Stock und dein Stab, sie trösten mich.
Du deckst mir den Tisch
vor den Augen meiner Feinde.
Du hast mein Haupt mit Öl gesalbt,
übervoll ist mein Becher.
Ja, Güte und Huld werden mir folgen
mein Leben lang
und heimkehren werde ich ins Haus des HERRN
für lange Zeiten.

Psalm 130:
Hilferuf aus tiefer Not

Aus den Tiefen rufe ich, HERR, zu dir:
Mein Herr, höre doch meine Stimme!
Lass deine Ohren achten
auf mein Flehen um Gnade.
Würdest du, HERR, die Sünden beachten,
mein Herr, wer könnte bestehn?
Doch bei dir ist Vergebung,
damit man in Ehrfurcht dir dient.
Ich hoffe auf den HERRN, es hofft meine Seele,
ich warte auf sein Wort.
Meine Seele wartet auf meinen Herrn
mehr als Wächter auf den Morgen,
ja, mehr als Wächter auf den Morgen.
Israel, warte auf den HERRN,
denn beim HERRN ist die Huld,
bei ihm ist Erlösung in Fülle.
Ja, er wird Israel erlösen
aus all seinen Sünden.

Psalm 150:
Das große Halleluja

Halleluja!
Lobt Gott in seinem Heiligtum,
lobt ihn in seiner mächtigen Feste!
Lobt ihn wegen seiner machtvollen Taten,
lobt ihn nach der Fülle seiner Größe!
Lobt ihn mit dem Schall des Widderhorns,
lobt ihn mit Harfe und Leier!
Lobt ihn mit Trommel und Reigentanz,
lobt ihn mit Saiten und Flöte!
Lobt ihn mit tönenden Zimbeln,
lobt ihn mit schallenden Zimbeln!
Alles, was atmet, lobe den HERRN.
Halleluja!

Weitere Psalmen finden Sie in jeder Bibelausgabe.

Lob und Preis Gottes

Alles, was atmet, lobe den Herrn.

Jubelt dem Herrn, alle Lande.

Herr, lass mich dein Lob verkünden.

Preiset den Herrn zu aller Zeit, denn er ist gut.

Ehre sei dem Vater durch den Sohn
im Heiligen Geist.

Dem König der Zeiten,
dem unvergänglichen, unsichtbaren einen Gott,
sei Ehre und Lobpreis in alle Ewigkeiten. Amen.

Durch Christus und mit ihm und in ihm
ist dir, Gott, allmächtiger Vater,
in der Einheit des Heiligen Geistes
alle Herrlichkeit und Ehre jetzt und in Ewigkeit.
Amen.

nach der Doxologie im Hochgebet

Herr, mache, dass ich mich dir zuwende,
auch wenn ich dich noch nicht sehen kann.
Herr, du bist meine Kraft,
auch wenn ich dich nicht fassen kann.
Herr, du bist mein Heil,
auch wenn ich nicht glauben kann.
Herr, du bist meine Vergebung,
auch wenn ich nicht mehr bereuen kann.
Du bist die Liebe,
auch wenn ich nicht lieben kann.
Lob sei dir!

Danket dem Herrn, denn er ist gut.
Ewig währet sein Erbarmen,
alles ruht in seinen Armen.
Seine Macht ist grenzenlos,
seine Liebe unendlich groß.
Alles soll sein Lob verkünden
in den Höhen, in den Gründen.
Großes hat der Herr getan;
rufet seinen Namen an!
Lobt den Herrn, dankt dem Herrn!
Lobet den Herrn, denn er ist gut,
danket dem Herrn, denn er ist gut.
nach Ps 118, bei Heinrich Bone 1858

Gott, unerschöpflich ist deine Weisheit,
unergründlich ist dein Urteil,
unerforschlich sind deine Wege.
Kein Mensch kann dich begreifen.
Von dir nimmt alles seinen Ausgang,
durch dich hat alles sein Leben,
in dir hat alles sein Ziel.
Dich will ich loben und preisen
jetzt und in Ewigkeit.
nach Röm 11

Te Deum

Dich, Gott, loben wir, dich, Herr, preisen wir.
Dir, dem ewigen Vater, huldigt das Erdenrund.
Dir rufen die Engel alle,
dir Himmel und Mächte insgesamt,
die Kerubim dir und die Serafim,
mit niemals endender Stimme zu:
Heilig, heilig, heilig der Herr, der Gott der Scharen!
Voll sind Himmel und Erde
von deiner hohen Herrlichkeit.

Dich preist der glorreiche Chor der Apostel;
dich der Propheten lobwürdige Zahl;
dich der Märtyrer leuchtendes Heer;
dich preist über das Erdenrund die heilige Kirche;
dich, den Vater unermessbarer Majestät;
deinen wahren und einzigen Sohn;
und den Heiligen Fürsprecher Geist.

Du König der Herrlichkeit, Christus.
Du bist des Vaters allewiger Sohn.
Du hast der Jungfrau Schoß nicht verschmäht,
bist Mensch geworden, den Menschen zu befreien.
Du hast bezwungen des Todes Stachel
und denen, die glauben,
die Reiche der Himmel aufgetan.

Du sitzest zur Rechten Gottes
in deines Vaters Herrlichkeit.
Als Richter, so glauben wir, kehrst du einst wieder.
Dich bitten wir denn, komm deinen Dienern zu Hilfe,
die du erlöst mit kostbarem Blut.
In der ewigen Herrlichkeit
zähle uns deinen Heiligen zu.

Rette dein Volk, o Herr, und segne dein Erbe;
und führe sie und erhebe sie bis in Ewigkeit.
An jedem Tag benedeien wir dich
und loben in Ewigkeit deinen Namen,
ja, in der ewigen Ewigkeit.
In Gnaden wollest du, Herr,
an diesem Tag uns ohne Schuld bewahren.
Erbarme dich unser, o Herr, erbarme dich unser.
Lass über uns dein Erbarmen geschehen,
wie wir gehofft auf dich.
Auf dich, o Herr, habe ich meine Hoffnung gesetzt.
In Ewigkeit werde ich nicht zuschanden.

Christusgebete

Immerwährendes Jesusgebet

Herr Jesus Christus, erbarme dich meiner.
Herr Jesus Christus, Sohn Gottes,
erbarme dich unser.

Jesus, dir leb ich; Jesus, dir sterb ich;
Jesus, dein bin ich tot und lebendig.

Sei gepriesen, Herr Jesus Christus,
Sohn des lebendigen Gottes.
Du bist der Erlöser der Welt,
unser Herr und Heiland,
der zur Rechten des Vaters thront.
Komm, Herr Jesus, und steh uns bei,
dass wir allezeit mit dir leben
und in das Reich deines Vaters gelangen. Amen.

Herr Jesus Christus, du hast mich berufen,
dass ich mit dir zum Vater gehe.
Mit dir will ich allzeit auf dem Wege bleiben.
Sei das Wort, auf das ich höre und dem ich folge.
Sei das Licht, das mich erleuchtet.
Sei die Kraft, die mich erfüllt.
Sei der Beistand, der mich nicht verlässt.
Mach mich vollkommen eins mit dir
und lass mich zur ewigen Vollendung gelangen.

Wachse, Jesus, wachse in mir.
In meinem Geist, in meinem Herzen,
in meiner Vorstellung,
in meinen Sinnen.
Wachse in mir in deiner Milde, in deiner Reinheit,
in deiner Demut, deinem Eifer, deiner Liebe.
Wachse in mir mit deiner Gnade, deinem Licht
und deinem Frieden.
Wachse in mir zur Verherrlichung deines Vaters,
zur größeren Ehre Gottes.
Pierre Olivaint

Dankgebete

Vater Gott, ich danke dir,
dass ich dein Kind sein darf,
in deiner Liebe geborgen,
was auch geschehen mag.

Wir danken dir,
weil du ein Gott der Liebe bist,
weil du auch dort liebst,
wo wir Menschen nicht mehr lieben können,
und uns die Kraft zur Liebe gibst.
Wir danken dir,
weil du ein Gott der Treue bist,
weil du zu uns stehst, uns hältst
und uns die Kraft zur Treue gibst.
Wir danken dir,
weil du ein Gott der Freude bist,
weil du uns diesen Tag gegeben hast,
an dem wir uns in deiner Freude finden.
Wir danken dir,
weil du ein Gott der Menschen bist,
weil du der Menschen Wege zusammenführst,
zueinander und zu dir.

Herr, ich danke dir, dass ich lebe.
Auch wenn ich Sorgen habe
und täglichen Verdruss
und weiß, dass manches Schwere meiner wartet,
so bin ich doch darüber froh,
dass ich bin und lebe und wirken kann.
Herr, ich danke dir,
dass ich den Reichtum deiner Liebe
genießen kann,
den du mir geschenkt:
die Schönheit der Natur,
die Freude an den Mitmenschen,
das Glück des eigenen Herzens,
deine Nähe und das Bewusstsein,
dass ich von dir geliebt,
angenommen und reichlich gesegnet bin.

Herr, unser Gott, hab Dank, dass du uns siehst.
jeden Schritt, den wir tun, begleitest du;
jedes Wort, das wir denken, weißt du,
ehe wir es aussprechen.
Wir danken dir, dass du unseren Weg bestimmst,
nicht der Zufall und nicht die Sterne.
Du allein bist es, der uns führt.
Wir danken dir für jeden Tag, den wir erleben;
denn er kommt aus deiner guten Hand.

VERTRAUEN UND GEBORGENHEIT

Herr, was ich habe, ist deine Gabe.
Mein Leib und Leben hast du gegeben,
wirst heut und morgen mich wohl versorgen,
nimmst mich am Ende in deine Hände.

Herr, sei du vor mir,
um mir den Weg zu zeigen.
Herr, sei du neben mir,
um mich in deine Arme zu schließen
und mich zu schützen.
Herr, sei du unter mir,
um mich aufzufangen,
wenn ich falle,
und mich aus der Schlinge zu ziehen.
Herr, sei du in mir,
um mich zu trösten, wenn ich traurig bin.
Herr, sei du um mich herum,
um mich zu verteidigen,
wenn andere über mich herfallen.
Herr, sei über mir, um mich zu segnen.

Aus dem 4. Jahrhundert

Herr, in die Freude über diesen Tag
mischt sich die Sorge, was wohl morgen sein wird:
die Angst um den Arbeitsplatz,
um meine Gesundheit,
um meine Familie.
Ich lege dies alles auf deine Schultern
und vertraue darauf,
dass sie auch meine Last tragen.

Herr, ich brauche dich jeden Tag.
Gib mir die Klarheit des Gewissens,
die dich fühlen und begreifen kann.
Meine Ohren sind taub,
ich kann deine Stimme nicht vernehmen.
Meine Augen sind trüb,
ich kann deine Zeichen nicht sehen.
Du allein kannst mein Ohr schärfen
und meinen Blick klären,
mein Herz reinigen und erneuern.
Lehre mich zu deinen Füßen sitzen
und auf dein Wort hören. Amen.

Der Herr segne und behüte uns.
Er lasse sein Angesicht über uns leuchten
und sei uns gnädig.
Er schaue auf uns und schenke
uns seinen Frieden.
Aarons Segen

Alles, Gott, hat seine Zeit:
Lachen, Spielen, Schularbeit,
Ferienhaben, Frühaufstehn,
lange Schlafen, Schulegehn,
Lieben, Streiten und Verzeihn,
krank, gesund und glücklich sein.
Was das Jahr auch bringen mag:
Du bist bei mir jeden Tag. Amen.
Kindergebet

Wo ich gehe, wo ich stehe
bist du, lieber Gott, bei mir,
Wenn ich dich auch niemals sehe,
weiß ich trotzdem: du bist hier. Amen.
Kindergebet

Gebete zur Gottesmutter Maria

Salve Regina

Sei gegrüßt, o Königin, Mutter der Barmherzigkeit,
unser Leben, unsre Wonne und unsre Hoffnung,
sei gegrüßt!
Zu dir rufen wir verbannte Kinder Evas;
zu dir seufzen wir trauernd und weinend
in diesem Tal der Tränen.
Wohlan denn, unsere Fürsprecherin,
wende deine barmherzigen Augen uns zu,
und nach diesem Elend zeige uns Jesus,
die gebenedeite Frucht deines Leibes.
O gütige, o milde, o süße Jungfrau Maria!
Bitte für uns, heilige Gottesmutter,
dass wir würdig werden der Verheißungen
Christi.

Angelus

Der Engel des Herrn brachte Maria die Botschaft,
und sie empfing vom Heiligen Geist.
Gegrüßet seist du, Maria . . .
Maria sprach: Siehe, ich bin die Magd des Herrn;
mir geschehe nach deinem Wort.
Gegrüßet seist du, Maria . . .
Und das Wort ist Fleisch geworden und hat unter uns gewohnt.
Gegrüßet seist du, Maria ...
Bitte für uns, heilige Gottesmutter,
dass wir würdig werden der Verheißungen Christi.
Lasset uns beten:
Allmächtiger Gott,
gieße deine Gnade in unsere Herzen ein.
Durch die Botschaft des Engels haben wir die Menschwerdung Christi,
deines Sohnes, erkannt.
Lass uns durch sein Leiden und Kreuz
zur Herrlichkeit der Auferstehung gelangen.
Darum bitten wir durch Christus, unsern Herrn.
Amen.

Regina caeli

Freu dich, du Himmelskönigin, Halleluja!
Den du zu tragen würdig warst, Halleluja,
er ist auferstanden, wie er gesagt hat, Halleluja.
Bitt Gott für uns, Halleluja.
Freue dich und frohlocke, Jungfrau Maria,
Halleluja,
denn der Herr ist wahrhaft auferstanden,
Halleluja.
Lasset uns beten: Allmächtiger Gott,
durch die Auferstehung deines Sohnes,
unseres Herrn Jesus Christus,
hast du die Welt mit Jubel erfüllt.
Lass uns durch seine jungfräuliche Mutter Maria
zur unvergänglichen Osterfreude gelangen.
Darum bitten wir durch Christus, unsern Herrn.
Amen.

Magnificat: Der Lobgesang Mariens

Meine Seele preist die Größe des Herrn,
und mein Geist jubelt über Gott, meinen Retter.
Denn auf die Niedrigkeit seiner Magd hat er geschaut.
Siehe, von nun an preisen mich selig alle Geschlechter!
Denn der Mächtige hat Großes an mir getan,
und sein Name ist heilig.
Er erbarmt sich von Geschlecht zu Geschlecht
über alle, die ihn fürchten.
Er vollbringt mit seinem Arm machtvolle Taten:
er zerstreut, die im Herzen voll Hochmut sind;
er stürzt die Mächtigen vom Thron
und erhöht die Niedrigen.
Die Hungernden beschenkt er mit seinen Gaben
und lässt die Reichen leer ausgehn.
Er nimmt sich seines Knechtes Israel an
und denkt an sein Erbarmen,
das er unsern Vätern verheißen hat,
Abraham und seinen Nachkommen auf ewig.

Lukas 1,46-55

Rosenkranz

Der Rosenkranz ist eine Gebetsreihung, die 15 Gesätze umfasst. Er beginnt mit einer kurzen Einleitung: mit dem Apostolischen Glaubensbekenntnis, einem Vaterunser und drei Ave Maria, in die eine Bitte um die drei göttlichen Tugenden eingefügt wird.
Jedes Gesätz beginnt mit dem Vaterunser. Es folgt zehnmal das Ave Maria; nach dem Namen »Jesus« wird jedesmal das entsprechende Geheimnis eingefügt. Das Gesätz schließt mit dem Ehre sei dem Vater.
Jedes Gesätz dient der Betrachtung eines »Geheimnisses« aus dem Leben Jesu (und Marias). Die ersten fünf sind der weihnachtlichen Verkündigung (»Freudenreicher Rosenkranz«) entnommen. Fünf andere Gesätze betrachten Geheimnisse aus der Passion des Herrn (»Schmerzhafter Rosenkranz«). In weiteren fünf Gesätzen werden die österlichen Geheimnisse betrachtet (»Glorreicher Rosenkranz«).

Im Namen des Vaters …
Ich glaube an Gott …
Ehre sei dem Vater …
Vater unser …
Gegrüßet seist du, Maria …
Jesus, der in uns den Glauben vermehre
Jesus, der in uns die Hoffnung stärke

Jesus, der in uns die Liebe entzünde
Ehre sei dem Vater …

– die freudenreichen Geheimnisse
Jesus, den du, o Jungfrau,
vom Heiligen Geist empfangen hast
Jesus, den du, o Jungfrau,
zu Elisabet getragen hast
Jesus, den du, o Jungfrau,
in Betlehem geboren hast
Jesus, den du, o Jungfrau,
im Tempel aufgeopfert hast
Jesus, den du, o Jungfrau,
im Tempel wiedergefunden hast

– die schmerzhaften Geheimnisse
Jesus, der für uns Blut geschwitzt hat
Jesus, der für uns gegeißelt worden ist
Jesus, der für uns mit Dornen gekrönt worden ist
Jesus, der für uns das schwere Kreuz getragen hat
Jesus, der für uns gekreuzigt worden ist

– die glorreichen Geheimnisse
Jesus, der von den Toten auferstanden ist
Jesus, der in den Himmel aufgefahren ist
Jesus, der uns den Heiligen Geist gesandt hat
Jesus, der dich, o Jungfrau,
in den Himmel aufgenommen hat

Jesus, der dich, o Jungfrau,
im Himmel gekrönt hat

Zur Abwechslung und Auflockerung kann man dem Rosenkranz auch andere Geheimnisse über Glaubenswahrheiten oder biblische Geschehnisse einfügen, etwa

– die trostreichen Geheimnisse
Jesus, der als König herrscht
Jesus, der in seiner Kirche lebt und wirkt
Jesus, der wiederkommen wird in Herrlichkeit
Jesus, der richten wird die Lebenden und die Toten
Jesus, der alles vollenden wird

Das folgende kleine Gebet wurde in Portugal, nach den Erscheinungen in Fatima, in den Rosenkranz eingeschaltet:

O Jesus, verzeihe uns unsere Sünden,
bewahre uns vor dem Feuer der Hölle,
nimm alle Seelen in den Himmel auf,
besonders jene, die deiner Barmherzigkeit
am meisten bedürfen.
Fatima-Bittgebet

Unter deinen Schutz und Schirm fliehen wir,
heilige Gottesmutter.
Verschmähe nicht unser Gebet in unseren Nöten,
sondern errette uns jederzeit aus allen Gefahren,
o du glorwürdige und gebenedeite Jungfrau,
unsere Frau, unsere Mittlerin,
unsere Fürsprecherin.
Führe uns zu deinem Sohne,
empfiehl uns deinem Sohne,
stelle uns vor deinem Sohne.

Hilf, Maria, es ist Zeit,
hilf, Mutter der Barmherzigkeit!
Du bist mächtig, uns aus Nöten
und Gefahren zu erretten,
denn wo Menschenhilf' gebricht,
mangelt doch die deine nicht.
Nein, du kannst das heiße Flehen
deiner Kinder nicht verschmähen.
Zeige, dass du Mutter bist,
wo die Not am größten ist.
Hilf, Maria, es ist Zeit,
hilf, Mutter der Barmherzigkeit!

Maria, du hast dich dem Willen des Vaters geöffnet,
hast dich beschenken lassen
mit der Fülle seines Segens.
Dir empfehlen wir unsere friedlose Welt.
Erbitte uns von Jesus, deinem Sohn,
den Frieden mit Gott
und den Frieden unter den Menschen.
Höre uns, Maria!
Erbitte uns den Geist der Liebe
und des Vertrauens,
auf dem der Friede ruht.
Höre uns, Maria!
Erbitte uns den Geist wahrer Demut
und lass uns den Frieden höher schätzen
als den eigenen Vorteil.
Höre uns, Maria!
Erbitte uns den Geist der Versöhnung
und die Bereitschaft zu vergeben
und um Vergebung zu bitten.
Höre uns, Maria!
Erbitte uns die Klugheit, die notwendig ist,
um Frieden stiften zu können.
Höre uns, Maria! Amen.

Memorare

Gedenke, o gütigste Jungfrau Maria,
wie es noch nie erhört worden ist,
dass jemand, der zu dir seine Zuflucht
genommen, deine Hilfe angerufen,
um deine Fürbitte gefleht hat,
von dir sei verlassen worden.
Von diesem Vertrauen beseelt,
nehme ich meine Zuflucht zu dir,
o Mutter, Jungfrau der Jungfrauen.
Zu dir komme ich, vor dir stehe ich armer Sünder.
Mutter des ewigen Wortes,
verschmähe nicht meine Worte,
sondern höre mich gnädig an
und erhöre mich. Amen.

Bernhard von Clairvaux (1090–1153), Kirchenlehrer

O meine Gebieterin, o meine Mutter.
Dir bringe ich mich ganz dar;
und um dir meine Hingabe zu bezeigen,
weihe ich dir heute meine Augen, meine Ohren,
meinen Mund, mein Herz, mich ganz und gar.
Weil ich dir gehöre, o gute Mutter, bewahre mich,
beschütze mich als dein Gut und Eigentum.

Gebete zu den Engeln und Heiligen

Engel Gottes, mein Beschützer,
Gott hat dich gesandt, mich zu begleiten.
Erleuchte, beschütze und führe mich.

Heiliger Schutzengel mein,
lass mich dir empfohlen sein;
in allen Nöten steh mir bei
und halte mich von Sünden frei.
Bei Tag und Nacht, ich bitte dich,
erleuchte, führe, schütze mich.

Heiliger Schutzengel, Gottes liebende Sorge
hat dich mir zum Begleiter gegeben.
Du bist sein Anruf an mein Gewissen:
verhilf mir zu klarer Entscheidung.
Du bist seine führende Hand:
bleibe bei mir Tag und Nacht.
Du bist sein machtvoller Arm:
kämpfe mit mir für sein Reich.

Litanei zu den Heiligen unserer Heimat

Ihr heiligen Männer und Frauen unserer Heimat, ihr seid uns Vorbild und Fürsprecher am Throne Gottes, bittet für uns.
Hl. Adalbert, erster Erzbischof von Magdeburg, Missionar und Gründer der Magdeburger Domschule († 981) – bitte für uns.
Hl. Adalbert von Prag, zweiter Bischof von Prag, Missionar in Ungarn, Polen und Preußen († 997 als Märtyrer) – bitte für uns.
Hl. Adelheid von Magdeburg († 999), Gemahlin Kaiser Ottos I. und Mitbegründerin von Stadt und Erzbistum Magdeburg – bitte für uns.
Hl. Anno, Kanzler der Kaiser Otto I. und Otto II. und Bischof von Worms († 978) – bitte für uns.
Hl. Anselm, Bischof von Havelberg, danach Erzbischof von Ravenna († 1158) – bitte für uns.
Hl. Ansgar, Bischof von Hamburg/Bremen, Missionar bei den Dänen und den Schweden († 865) – bitte für uns.
Hl. Answer, Abt im Benediktinerkloster Ratzeburg, erschlagen im Wendenaufstand 1066 – bitte für uns.
Hl. Benno, Bischof von Meißen und Glaubensbote bei den Wenden, Patron des Bistums Dresden-Meißen († 1106) – bitte für uns.
Hl. Bernward, Bischof von Hildesheim, Patron der

Kunstschmiede, Reformer der Seelsorge († 1022) – bitte für uns.
Hl. Bruno von Querfurt, Missionar bei den Polen, in Ungarn, Südrussland und Preußen († als Märtyrer 1009) – bitte für uns.
Hl. Burchard, Mitarbeiter des hl. Bonifatius und erster Bischof von Würzburg († 753) – bitte für uns.
Hl. Burchard, Bischof von Halberstadt, Gründer des Burchardisklosters und der ersten Kirche auf dem Huy († 1059) – bitte für uns.
Hl. Edith Stein, Karmelitin, Schutzpatronin Europas († 1942 als Märtyrin im KZ Auschwitz-Birkenau) – bitte für uns.
Sel. Ekkehard von der Huysburg, Domherr von Halberstadt, Abt und später Klausner auf dem Huy († 1084) – bitte für uns.
Hl. Elisabeth von Thüringen, Gemahlin des Landgrafen Ludwig IV., Patronin vieler Werke der Nächstenliebe und des Bistums Erfurt (†1231) – bitte für uns.
Hl. Eoban, Bischof von Utrecht und Gefährte des hl. Bonifatius, mit ihm und ca. 50 anderen Gefährten bei Dokkum / Friesland 754 erschlagen – bitte für uns.
Hl. Erich IX., König von Schweden, sorgte für die Missionierung der Finnen, bei einem Gottesdienst erschlagen (1160), Patron Schwedens (Schwerin) – bitte für uns.
Hl. Evermod, Missionar bei den Polaben, erster

Bischof von Ratzeburg († 1178) – bitte für uns.
Hl. Gertrud die Große, Zisterzienserin in Helfta und Mystikerin († 1302) – bitte für uns.
Hl. Gunther, Einsiedler im bayrisch-böhmischen Gebirge († 1045 in Hartmanitz / Böhmerwald) – bitte für uns.
Hl. Hedwig, Herzogin von Schlesien, in den letzten Jahren im Kloster Trebnitz, Helferin der Armen und Kranken, Patronin Schlesiens und des Bistums Görlitz († 1243) – bitte für uns.
Hl. Hildegard von Bingen, Gründerin und Äbtissin der Klöster Rupertsberg und Eibingen, Mystikerin († 1179) – bitte für uns.
Hl. Hildegrim, Bruder des hl. Luidger, im Auftrag von Karl dem Großen Missionar in Sachsen, besonders im Bistum Halberstadt († 827) – bitte für uns.
Hl. Hyazinth, Ordenspriester, Missionar in Preußen, Polen und Schlesien († 1257) – bitte für uns.
Hl. Isfried von Jerichow, Propst der Prämonstratenser in Jerichow, später Bischof von Ratzeburg und Erbauer des Ratzeburger Domes, Slawenmissionar († 1204) – bitte für uns.
Hl. Johannes Nepomuk, Generalvikar von Prag, Märtyrer für das Beichtgeheimnis († 1393) – bitte für uns.
Hl. Jutta von Sangerhausen, Pflegerin der Aussätzigen und Kranken, zuletzt Klausnerin in Kulmsee an der Weichsel († 1260) – bitte für uns.
Hl. Kilian, irischer Missionar und Bischof in der

Gegend von Würzburg, im Auftrag der Herzogin mit seinen Begleitern Kolonat und Totnan ermordet (um 689), Patron des Bistums Würzburg – bitte für uns.
Hl. Knud IV., König von Dänemark und Missionar seines Volkes, bei einem Aufstand ermordet (1086) – bitte für uns.
Hl. Liborius, Bischof von Le Mans und Patron des Erzbistums Paderborn († 397) – bitte für uns.
Sel. Liborius Wagner, Konvertit und Priester, Pfarrer von Altenmünster, Märtyrer im Schwedenkrieg (1631) – bitte für uns.
Hl. Lioba, Mitarbeiterin des hl. Bonifatius, Äbtissin († um 782) – bitte für uns.
Hl. Luitburg, Klausnerin auf dem Gebiet der heutigen Stadt Thale († um 880) – bitte für uns.
Hl. Lullus, Mitarbeiter des hl. Bonifatius, Erzbischof von Mainz, Gründer des Klosters Hersfeld († 786) – bitte für uns.
Hl. Martin, Missionar im Frankenreich, Bischof von Tours, Patron des Eichsfeldes und der Stadt Erfurt († 397) – bitte für uns.
Hl. Mathilde, Gemahlin des Sachsenherzogs und späteren Königs Heinrich I., Stifterin der Chorfrauenstifte Nordhausen und Quedlinburg († 968) – bitte für uns.
Sel. Mathilde, Äbtissin von Quedlinburg, als Reichsfürstin Vormund ihres Neffen Otto III. († 999) – bitte für uns.

Hl. Mauritius, Kommandant der sog. Thebäischen Legion und Märtyrer (um 285), Patron des Magdeburger Domes – bitte für uns.
Hl. Mechthild von Hakeborn, Mystikerin im Kloster Helfta († 1299) – bitte für uns.
Sel. Mechthild von Magdeburg, Begine und Mystikerin in Magdeburg, zuletzt im Kloster Helfta († um 1270) – bitte für uns.
Sel. Niels Stensen, Anatom, Geologe, Paläontologe und Bischof in Schwerin († 1686) – bitte für uns.
Hl. Norbert von Xanten, Gründer der Prämonstratenser, Erzbischof von Magdeburg († 1134) – bitte für uns.
Hl. Olaf, König von Norwegen, Missionar seines Volkes, aus dem Land vertrieben und beim Rückeroberungsversuch erschlagen (1030) – bitte für uns.
Hl. Otto, Bischof von Bamberg, Missionar in Pommern († 1139) – bitte für uns.
Hl. Pauline, Gründerin des Doppelklosters Paulinzella in Thüringen († 1107) – bitte für uns.
Hl. Petrus Kanisius, Jesuit und Träger der Gegenreformation in Deutschland († 1597) – bitte für uns.
Hl. Rabanus Maurus, Abt des Klosters Fulda, danach Erzbischof von Mainz († 856) – bitte für uns.
Hl. Radegunde, als Geisel zur Ehe mit Frankenkönig Lothar gezwungen, Gründerin des Frauenklosters Poitiers († 587) – bitte für uns.

Hl. Sebastian, Offizier der kaiserlichen Leibwache, Märtyrer (Ende 3. Jahrhundert), Patron gegen die Pest – bitte für uns.
Hl. Sturmius, Missionar und Gründerabt von Fulda († 779) – bitte für uns.
Hl. Wenzel, Herzog von Böhmen und Märtyrer (929), Patron Böhmens – bitte für uns.
Hl. Wichmann von Arnstein, Stiftspropst von Magdeburg, Gründer eines Klosters in Neuruppin († 1270) – bitte für uns.
Hl. Wigbert, Mitarbeiter des hl. Bonifatius, Gründer der Klöster Ohrdruf und Fritzlar († 737) – bitte für uns.
Hl. Willibald und hl. Wunibald, Glaubensboten in Bayern, Franken und in der Gegend um Erfurt, Gründer des Klosters Heidenheim († 787 bzw. 761) – bittet für uns.
Hl. Willibrord, Benediktiner, Bischof von Utrecht, Gründer des Klosters Echternach († 739) – bitte für uns.

Lasset uns beten: Heiliger Gott, du schenkst Menschen die Kraft und die Gnade zum heiligen Leben und Wirken. Wir bitten dich um Frieden und Wohlfahrt für alle Völker der Erde. Unsere heiligen Schwestern und Brüder beten mit uns. Erhöre uns durch Christus, unsern Herrn. Amen.

GEBETE FÜR KIRCHE UND GEMEINDE

Herr, wir sind deine Gemeinde,
ein Volk unterwegs, mit einer langen Geschichte
und einer Vergangenheit, die manchmal bedrückt.
Wir bitten dich: Lass uns nicht stehen bleiben
oder uns sicher fühlen.
Nimm von uns alles,
was bindet und gefangen hält,
Besitz oder Ansehen.
Mache uns lieber arm und ungewiss,
damit wir deine Gute Nachricht
neu verstehen und annehmen.
Wir müssen dich um Verzeihung bitten für alles,
was in der Vergangenheit geschehen ist.
Jünger Jesu sind zu Gewalttätern geworden,
haben Ketzer gejagt und »heilige« Kriege geführt,
und oft ist daraus ein Blutbad geworden,
ein Machtrausch hat sie besessen.
Wir bitten dich um Vergebung,
dass auch heute noch Christen Gewalt anwenden
und Menschen ihrer Rasse oder Hautfarbe wegen
ausstoßen, verachten und erniedrigen.
Wir schaffen keinen Frieden in der Welt
und bringen keine Hilfe denen,
die verstört und gebrochen sind.

Herr, wir sind selbst verstört,
engherzig und unversöhnlich, hart und bösartig,
wir schaden dir und dem Evangelium.
Herr, lass deine Kirche zur Einheit finden,
setze den Anfang und beende die Spaltung in
Lager und Konfessionen,
dass wir einsehen, nur dich zu kennen als Herrn.
Lass uns nicht zufrieden sein mit den Zuständen,
die wir antreffen, sondern in der Gegenwart
für deine Zukunft denken und handeln.
Denn du hast zugesagt,
dass du alles neu gestalten willst.
Zuerst, Herr, gestalte deine Kirche um,
lass sie das Wesentliche tun
und das Unwesentliche meiden,
gib deinen Geist in sie hinein,
der nicht herrscht, sondern dient,
nicht verurteilt, sondern liebt.
Niemand sei ausgestoßen oder ausgeschlossen,
jeder soll die Freude der Guten Nachricht
finden können.
Erinnere uns daran, dass wir gesandt sind,
den Menschen zu helfen,
deine Gnade zu ergreifen und zu erfahren,
dass du jeden Einzelnen angenommen hast.
Wir bitten dich für alle,
die von Berufs wegen in deiner Kirche arbeiten,
dass sie dir und deiner Sache nicht schaden,
sondern frei und wahrhaftig dein Wort sagen

und tun, was du verlangst.
Lass sie demütig bleiben und gib ihnen Kraft,
den schweren Dienst zu meistern.
Schließlich bitten wir dich,
dass wir alle zur Stille finden und auf dich hören,
deine Gemeinschaft suchen
und uns von dir führen lassen.
Du hast uns mit deinem Namen gezeichnet,
in Jesus von Nazaret hast du gesprochen,
wir haben dich gehört
und wollen von dir nicht mehr lassen,
weil du für immer zu uns stehst.
Die Spur deines Lichtes kennen wir nun,
jetzt hilf uns,
dass wir nicht furchtsam zurückbleiben,
sondern jede neue Möglichkeit ergreifen,
die du schenkst und aufzeigst.
Lass uns unbefangen Mensch sein
und bewusst in unserer Zeit leben,
zeige uns, was wir verantwortlich leisten müssen,
damit diese Welt bewohnbar bleibt und damit,
was sinnlos oder unmenschlich ist,
durch dich erneuert wird.
Gieße deine Liebe aus in unser Herz.
Herr, wir sind deine Gemeinde,
eine Familie, ein Leib.
Bleibe du unser Herr. Amen.

Gedenke deiner Kirche.
Erlöse sie von allem Übel.
Mach sie vollkommen in deiner Liebe
und führe sie zusammen
aus allen Enden der Welt in dein Reich,
das du ihr bereitet hast.
Dein ist die Macht und die Ehre in Ewigkeit.
Zwölfapostellehre

Herr, erwecke deine Kirche –
und fange bei mir an!
Herr, baue deine Gemeinde –
und fange bei mir an!
Herr, lass Frieden überall auf Erden kommen –
und fange bei mir an!
Herr, bringe deine Liebe und Wahrheit
zu allen Menschen –
und fange bei mir an.

Herr, unser Heiland, ich danke dir,
dass es in dieser Welt eine Kirche gibt.
Oft muss ich daran denken:
»Gäbe es keine Bibel, kein Gebet,
keine Lobgesänge –
wie sähe es dann in unserer Welt aus!«
Ach Herr, ich klage vor dir
über die Langweiligkeit,
Feigheit und Heuchelei in deiner Kirche.
Wie oft machen wir deinen heiligen Namen
lächerlich und unglaubwürdig vor den Leuten.
Es wundert mich nicht,
dass sich viele von deiner Kirche abwenden.
Wundern kann ich mich nur über das Wunder,
dass du deine Kirche bis heute
lebendig erhalten hast.
Lass uns treuer werden
in der Bezeugung deiner Wahrheit,
auch wenn sie den Leuten nicht passt.
Gib uns mehr Tapferkeit,
für die Leidenden einzutreten –
für die Stummen, die keinen Anwalt haben,
für die Unterdrückten, die kein Recht bekommen.
Gib uns mehr Opferbereitschaft für die Hungernden
und mehr Liebe für die Hassenden.
Geleite uns zur Ruhe der Nacht
und vollende dein Werk an uns in Ewigkeit.

Die Kirche ist ein großes Haus.
Da finden wir dich,
wenn wir dich einmal verloren haben.
Danke, dass wir dich immer besuchen dürfen.
In der Kirche singen wir.
Wir hören deine Stimme, Jesus, deine Worte.
Wir betrachten dich. Wir werden still.
Du gibst uns sogar zu essen.
Das Brot bist du selbst.
In deinem Haus sind wir geborgen.
Kindergebet

Für die Seelsorger

Wir bitten dich, Herr, für unsere Seelsorger:
Lehre sie, deine Botschaft so auszurichten,
dass unser Hunger nach Wahrheit und Leben
gestillt wird.
Gib ihnen den Mut,
niemand nach dem Mund zu reden,
auch wenn viele das Evangelium vom Kreuz
für Unsinn halten.
Lass sie deine geheimnisvolle Nähe erfahren,
damit sie den Glauben ihrer Brüder
zu stärken vermögen.
Mache sie fähig, jedem Antwort zu geben,

der nach dem Grund unserer Hoffnung fragt.
Dulde nicht, dass sie ihr Vertrauen
auf irgendeine Macht der Erde setzen
statt auf die Kraft deines Geistes.
Erinnere sie, dass jeder Mitarbeiter am
Neuen Bund hundertfach wiederfinden wird,
was er deinetwegen zurückgelassen hat.
Lass durch ihr Leben sichtbar werden,
dass der Kern deiner Botschaft die Liebe ist,
die uns zu freien Menschen macht.
Bestärke sie in der Dankbarkeit dafür,
dass du sie mit Gott versöhnt
und ihnen den Dienst der Versöhnung
übergeben hast.
Sei mit ihnen, damit durch ihr Wort
das Geheimnis deines Todes Gegenwart wird
in der Eucharistie, dem Zeichen der Einheit.
Herr Jesus Christus, wir danken dir,
dass du uns berufen hast, dein Volk zu sein.
Lass es deiner Kirche nicht an Menschen fehlen,
die für den Aufbau und den Zusammenhalt
deiner Gemeinden Sorge tragen,
bis du wiederkommst.

Um geistliche Berufe

Jesus, göttlicher Hirt, du hast die Apostel berufen
und zu Menschenfischern gemacht.
Rufe auch heute junge Menschen
in deine Nachfolge und deinen Dienst.
Du lebst ja, um immer für uns dazusein.
Dein Opfer wird auf unseren Altären Gegenwart,
weil alle Menschen an der Erlösung teilhaben sollen.
Lass alle, die du berufen hast, diesen deinen Willen
erkennen und sich zu Eigen machen.
Schenke ihnen den Blick für die ganze Welt,
für die stumme Bitte so vieler um das Licht
der Wahrheit und die Wärme echter Liebe.
Lass sie getreu ihrer Berufung
am Aufbau deines geheimnisvollen Leibes
mitarbeiten und so deine Sendung fortsetzen.
Mach sie zum Salz der Erde und zum Licht der Welt.
Gib, Herr, dass auch viele Frauen und Mädchen
ebenso entschlossen dem Ruf deiner Liebe folgen.
Wecke in ihren Herzen das Verlangen,
vollkommen nach dem Geist des Evangeliums zu leben
und sich selbstlos hinzugeben
im Dienst an der Kirche.
Lass sie bereit sein für alle Menschen,
die ihrer helfenden Hand
und ihrer barmherzigen Liebe bedürfen.

Papst Paul VI.

Für die Pfarrgemeinde

Herr Jesus Christus, ich bete für die,
welche mit mir an dich glauben
hier an diesem Ort:
Dass ein jeder dir diene, wo er auch steht –
zu Hause, in der Arbeit oder in seinem Verein;
auch wo es ganz verborgen geschieht;
dass wir uns zusammenfinden
als deine Gemeinde
und beachten, dass du da bist in deinem Wort
und unter den Zeichen von Brot und Wein;
dass wir in deinem Namen
einander vertrauen und helfen;
dass die Kirche in unserem Ort
für dich und das Wohl aller Mitmenschen
da sei und arbeite.

Für den Bischof

Herr Jesus Christus,
du Hirt und Haupt deiner Kirche,
steh unserm Bischof bei
mit der Kraft deines Segens,
dass er uns entflammt durch seinen Eifer,
uns Vorbild ist durch seinen Wandel,
uns trägt durch seine Liebe,
uns stärkt durch seine Geduld,
uns erhält in der Freude des Heiligen Geistes,
uns segnet durch seine Gebete,
uns gute Weisung gibt durch seine Lehre
und uns einigt zu deinem heiligen Volk
und zum lauteren Gottesdienst
im Geist und in der Wahrheit.

Johann Michael Sailer (1751–1832), Bischof von Regensburg

Für den Papst

Herr, wir glauben
und bekennen voll Zuversicht,
dass du deiner Kirche Dauer verheißen hast,
solange die Welt besteht.
Darum haben wir keine Sorge und Angst
um den Bestand und das Wohlergehen deiner Kirche.
Wir wissen nicht, was ihr zum Heile ist.
Wir legen die Zukunft ganz in deine Hände
und fürchten nichts,
so drohend bisweilen
die Dinge auch scheinen mögen.
Nur um das eine bitten wir dich innig:
Gib deinem Diener und Stellvertreter,
dem Heiligen Vater,
wahre Weisheit, Mut und Kraft.
Gib ihm den Trost deiner Gnade in diesem Leben
und im künftigen die Krone der Unsterblichkeit.

John Henry Newman

Für die Kirchensteuerzahler

Viele Menschen bezahlen die Kirchensteuern
und kennen dich doch nicht.
Viele Menschen schimpfen und murren,
dass die Kirche nur gelaufen kommt,
wenn sie Geld braucht,
und nehmen nicht ihr Recht wahr,
in deiner Gemeinde zu leben.
Ich bitte dich für alle,
die nur als Kirchensteuerzahler
zu deiner Gemeinde gehören.
Hilf ihnen,
dass sie den Reichtum deiner Gaben erkennen
und verstehen lernen,
dass du dich nicht mit der Kirchensteuer begnügst.
Gib uns gute Gedanken,
wie wir sie für deine Gemeinde gewinnen können,
damit nicht das Geld die wichtigste Frage
in deiner Gemeinde ist,
sondern das Heil unserer Seelen. Amen.

GEBETE FÜR DIE EINHEIT DER CHRISTEN

Lasst uns beten zu Gott, unserem Vater,
für alle Kirchen und Gemeinden,
die sich christlich nennen:
dass wir uns nicht abfinden mit der
Teilung und Trennung der Christenheit,
die ein Skandal, ein Ärgernis vor der Welt
und ein Verrat an Christi Auftrag ist;
dass wir ablegen Hochmut und Enge,
das Vorurteil, als ob die anderen weniger,
und wir selbst mehr an Glaube,
Hoffnung und Liebe hätten;
dass wir ernst machen
mit der ökumenischen Bewegung
und unsere Geschwister annehmen;
dass wir auf dein Wort gemeinsam hören
und ihm gehorchen
und in dieser Wahrheit uns finden;
dass wir den begonnenen Weg weitergehen,
zum Lobe Gottes und zur Glaubwürdigkeit
vor der Welt.

Barmherziger Vater, wir bitten dich in Demut
für deine ganze heilige Kirche.
Erfülle sie mit Wahrheit und mit Frieden.
Reinige sie, wo sie verdorben ist.
Bewahre sie vor Irrtum.
Richte sie auf, wo Kleinglauben sie niederdrückt.
Beschenke sie, wo sie Mangel leidet.
Stärke aber und kräftige sie,
wo sie auf deinem Weg ist.
Gib ihr, was ihr fehlt, und heile den Riss,
wo immer sie zerteilt und zerstreut ist,
du heiliger Herr deiner Gemeinde.
Um Jesu Christi,
unseres Herrn und Heilands willen.

Herr Jesus Christus, du hast gebetet:
Lass alle eins sein, wie du, Vater,
in mir bist, und ich in dir.
Wir bitten dich um die Einheit deiner Kirche.
Zerbrich die Mauern, die uns trennen.
Stärke, was uns eint,
und überwinde, was uns trennt.
Gib uns, dass wir die Wege zueinander suchen.
Führe den Tag herauf,
an dem wir dich loben und preisen können
in der Gemeinschaft aller Gläubigen.

Leben als Christ

LEBEN NACH GOTTES WILLEN

Verleihe mir, ich bitte dich,
gütiger Herr und heiliger Vater,
einen Verstand, der dich wahrnimmt,
einen Sinn, der dich versteht,
ein Gemüt, das an dir Wohlgefallen hat,
einen Eifer, der dich sucht,
eine Weisheit, die dich findet,
einen Geist, der dich erkennt,
ein Herz, das dich liebt,
eine Seele, die an dich denkt,
ein Tun, das dich verherrlicht,
Ohren, die dich hören,
Augen, die dich sehen,
eine Zunge, die dich preist,
einen Wandel, der dir wohlgefällt,
eine Geduld, die dich erträgt,
eine Beharrlichkeit, die dich erwartet,
ein vollkommenes Lebensende,
eine beseligende Anschauung
im ewigen Leben. Amen.

Alkuin, um 800

Solange ich lebe, muss ich mich entscheiden,
muss Stellung nehmen, muss Ja oder Nein sagen.
So hast du es gewollt, Schöpfer des Menschen,
dass ich mich entscheide für einen Beruf,
für einen Lebensgefährten,
für eine Partei, für dich.
Aber nicht nur an den breiten Kreuzungen
des Lebens muss ich wählen,
auch an den schmalen,
wo es nur um einen Film, eine Zeitung,
einen Witz geht.
Hab Dank, Schöpfer des Lebens,
dass ich entscheiden,
dass ich die Lebensweichen mitstellen darf,
dass ich mehr bin als ein willenloses Zahnrad
im Räderwerk der Zeit.
Herr, oft habe ich Angst vor Entscheidungen,
schiebe sie anderen zu,
versuche mich vorbeizudrücken,
gehe weder links noch rechts,
weder vor noch zurück.
Herr, ich will mich für dich entscheiden,
in allen Fragen des Lebens, jeden Tag,
ein ganzes Leben lang.
Komm mir zu Hilfe, dass ich das Rechte erkenne.
Gib mir Mut, es zu wählen.

Herr und Gott, guter Vater im Himmel.
Du hast mich gerufen,
deine große Welt mit allem, was zu ihr gehört,
mitzugestalten durch meine Arbeit.
Ich danke dir für deinen Auftrag,
für die Möglichkeiten und Fähigkeiten,
die du mir gegeben hast.
Hilf mir an jedem Tag, dir in allem zu dienen
durch eine gute Arbeit,
durch meine Hilfsbereitschaft,
durch mein Verstehen,
durch ein gutes Wort.
Durch gute Laune und heiteren Blick,
durch mein Beispiel will ich helfen,
Gegensätze auszugleichen,
Misstrauen abzubauen,
den sozialen Frieden zu wahren.
So darf ich beitragen zum Wohl meines Nächsten
und für eine bessere Welt.
Mein Leben soll dich preisen
und alles in dir seine Vollendung finden.

Es ist nicht wichtig,
immer im Mittelpunkt zu stehen.
Es ist nicht wichtig,
immer an der Spitze zu sein.

Es ist nicht wichtig,
immer Recht zu haben.
Es ist nicht wichtig,
immer der Stärkere zu sein.
Wichtig ist es,
sich nicht mit fremden Federn zu schmücken.
Wichtig ist es,
niemanden an die Wand zu drücken.
Wichtig ist es,
die Meinung anderer zu respektieren.
Wichtig ist es,
dem Schwachen beizustehen.
Guter Gott, hilf mir, zu erkennen,
was in meinem Leben wirklich wichtig ist.

Herr der Welt, gib uns einen Blick
für die Zeichen der Zeit
und ein klares Urteil
gegenüber den politischen Ereignissen
und allem Neuen in unserer Welt.
Bewahre uns vor trügerischer Hoffnung
und hilfloser Angst.
Gib uns Mut und Bereitschaft
zu politischem Einsatz.
Zeige uns, wie wir in unserem Staat
verantwortlich leben
und ihn mitgestalten können.

Zu Gott aufbrechen

Du Gott des Aufbruchs, segne uns,
wenn wir dein Rufen vernehmen,
wenn deine Stimme lockt,
wenn dein Geist uns bewegt
zum Aufbrechen und Weitergehen.

Du Gott des Aufbruchs,
begleite und behüte uns,
wenn wir aus Abhängigkeiten entfliehen,
wenn wir uns von Gewohnheiten verabschieden,
wenn wir festgetretene Wege verlassen,
wenn wir dankbar zurückschauen
und doch neue Wege wagen.

Du Gott des Aufbruchs,
wende uns dein Angesicht zu,
wenn wir Irrwege nicht erkennen,
wenn uns Angst befällt,
wenn Umwege uns ermüden,
wenn wir Orientierung suchen
in den Stürmen der Unsicherheit.

Du Gott des Aufbruchs,
leuchte auch unserem Weg,
wenn die Ratlosigkeit uns fesselt,
wenn wir fremde Lande betreten,

wenn wir Schutz suchen bei dir,
wenn wir neue Schritte wagen
auf unserer Reise nach innen.

Du Gott des Aufbruchs,
mach uns aufmerksam,
wenn wir mutlos werden,
wenn uns Menschen begegnen,
wenn unsere Freude überschäumt,
wenn Blumen blühen,
die Sonne uns wärmt,
Wasser uns erfrischt,
Sterne leuchten auf unserem Lebensweg.

Du Gott des Aufbruchs,
sei mit uns unterwegs
zu uns selbst, zu den Menschen, zu dir.
So segne uns mit deiner Güte
und zeige uns dein freundliches Angesicht.
Begegne uns mit deinem Erbarmen
und leuchte uns mit dem Licht deines Friedens
auf allen unseren Wegen. Amen.

GEBETE UM DEN GLAUBEN

Herr, schenke mir mehr Glauben.

Ich glaube, Herr, hilf meinem Unglauben.

Herr, ich will dir folgen, wohin immer du gehst.

Gott, du bist es, an den ich glaube;
du bist es, dem ich glaube.
Du hast zu uns gesprochen durch deinen Sohn.
Seine frohe Botschaft will ich annehmen.
Die Kirche verbürgt sie mir auch in unserer Zeit.
Du sprichst zu mir auch durch Menschen,
die mir begegnen,
und durch Ereignisse, die mir widerfahren.
Hilf mir, dich in allem zu finden und immer mehr
aus dem Glauben zu leben.

Ich bin ein schlechter Beter, Herr.
Ich teile meine Zeit nicht richtig ein,
und darum finde ich keine Ruhe.
Ich vergesse das Beten oft ganz,
weil die Dinge des Tages
sich in den Vordergrund drängen.
Abends bin ich zu müde,
und meine Gedanken irren ab.
Auch weiß ich nicht,
meine Worte richtig zu setzen.
Du aber hast uns deinen Heiligen Geist verheißen,
der uns beruft, sammelt, erleuchtet, heiligt
und im rechten Glauben erhalten will.
So bitte ich dich:
Sende deinen Geist,
dass er mich zum Beten mahne.
Verhilf mir zur inneren Sammlung
und lenke meine Gedanken,
dass ich bete, wie es dir wohlgefällt.
Durch die Kraft deines Heiligen Geistes
mache mich treuer in der Fürbitte und im Danken.
Gib mir Gewissheit, dass du hörst,
wenn ich dich anrufe.
Du bist ja der Lebendige und mein Herr.

Um gutes Beten

Lieber Herr, halte uns
in steter Verbindung mit dir,
dass wir nie aufhören, mit dir zu reden
und auf deine Antworten zu warten.
Bewahre uns, dass unser Beten nicht entarte
zum gedankenlosen Hersagen von Formeln.
Lehre uns auch,
zuzuhören und vor dir stille zu sein
und so einig mit dir zu werden,
dass es nicht immer der Worte zwischen
uns bedarf.
Vor allem aber bitten wir dich,
höre nie auf, mit uns zu sprechen.
Wie sollten wir leben, wenn du schweigst?
Lass uns in der Fürbitte alle Menschen
mit deinen Augen ansehen,
sie mit deiner Liebe lieben,
sie mit deiner Geduld tragen,
sie mit deinem Trost aufrichten,
sie durch deine Kraft stärken.
Lehre uns, deinen Willen zu erkennen und zu tun.
Lieber Herr, lehre uns recht beten.

Du bist mir fremd geworden, Herr.
Wenn ich bete, ist es,
als spräche ich in einen leeren Raum.
Ich erwarte keine Hochstimmung des Gefühls,
aber erweise dich mir als lebendiger Gott.
Herr, ich kann nicht ertragen, dass du so fern bist,
denn dann wird alles fragwürdig,
dann scheine ich an eine Phantasie zu glauben.
Herr, sei mir wieder nahe,
ich kann so nicht leben.
Hilf mir.

Herr, mein Kind hat mir gesagt,
dass es nicht mehr beten kann.
Ich hatte mir schon lange ein paar gute Ratschläge
ausgedacht für solche Fälle.
Aber als es darauf ankam, war alles ganz anders.
Mein Mund wurde trocken und mein Kopf leer.
Herr, ich bitte dich,
offenbare dich selbst meinem Kind
in irgendeinem Satz, einem Lächeln,
einem fruchtbaren Wort.
Bewahre mein Kind vor allzu langer Verlassenheit,
damit sein Ohr im Lärm dieser Welt
nicht taub wird für deine leise Stimme.

Um Glauben in der Familie

Herr, ich habe Freude am Glauben,
aber es bedrückt mich,
dass meine Familie so ganz anders denkt.
Sie machen es mir manchmal schwer,
unter ihnen als Christ zu leben.
Ich aber möchte so gern,
dass auch sie anfangen zu glauben
und etwas von dem erleben,
was mir so viel bedeutet.
Ich mache ihnen keinen Vorwurf,
aber ich liebe sie doch
und wünsche ihnen das Beste,
und das Beste ist doch,
dass man glauben kann.
Gib, dass ich nicht müde werde,
dass ich dich nicht verleugne,
sondern mich so zu dir bekenne,
dass sie es annehmen können.
Was wäre das für eine Freude,
wenn wir zusammen zur Kirche gehen könnten
oder sogar anfangen würden, bei Tisch zu beten!
Herr, du kannst helfen,
du kannst Wunder tun.
Hilf uns allen zum Glauben!

Gott, ich versuche immer wieder zu beten.
Aber oft fällt mir das Beten schwer.
Ich finde einfach nicht die richtigen Worte,
und so stehe ich sprachlos vor dir.
Du, Gott, kennst mich besser als ich mich selbst;
und so vertraue ich darauf,
dass du mich auch dann verstehst.
Aber Beten ist nicht nur Reden,
sondern auch Zuhören,
was du mir sagen willst.
Und so soll mein Schweigen
auch ein Warten auf deine Stimme sein.
Wenn ich dein Wort höre,
dich als Teil meines Lebens begreife,
werde ich dir antworten können.
Es wird manchmal eine Klage sein,
vielleicht auch ein Zweifeln;
aber ich hoffe, nicht selten auch – Preis und Dank!

Gebete im Tageskreis und am Sonntag

AM MORGEN

Herr, dieser Tag
und was er bringen mag,
sei mir von deiner Hand gegeben.
Du bist der Weg, die Wahrheit und das Leben.
Du bist der Weg – ich will ihn gehn.
Du bist die Wahrheit – ich will sie sehn.
Du bist das Leben – mag mich umwehn
Leid und Kühle, Glück und Glut.
Alles ist gut.
Wie es kommt,
gib, dass es mir frommt!
In deinem Namen
beginn ich. Amen.

Der neue Tag bricht an.
Die Nacht ist nun vergangen.
Herr, alles, was ich kann,
will ich mit dir anfangen.
Den Menschen helfen allezeit,
den Frieden lieben, nicht den Streit.
Auf allen guten Wegen,
Herr, hilf mit deinem Segen.

Herr, du schenkst mir jeden neuen Tag,
und jeder Tag ist gleich wichtig vor dir.
Ich danke dir für diesen Tag.
Gib, dass ich ihn ernst nehme:
die Aufgaben, die mich heute fordern,
die Menschen, denen ich begegne,
die Erfahrungen, die er bringt,
das Bittere, das mir widerfährt.
Lass mich auch dann frei bleiben,
wenn mich tausend Dinge in Beschlag nehmen.
Lass mich ruhig und gelassen bleiben,
wenn ich vor Arbeit nicht mehr ein noch aus weiß.
Lass mich dankbar sein für alles,
auch wenn dieser Tag mir Mühe bringt.
Herr, an diesem Morgen bedenke ich vor dir
den Tag, der jetzt für mich beginnt.
Auch wenn ich heute nicht alles in deinem Sinn
tun kann, hilf mir, deinen Willen etwas besser zu
tun als gestern.
Auch wenn deine Gegenwart mich nicht ganz
durchdringt, hilf, dass sie mir nicht verloren geht.
Auch wenn ich nicht alle Menschen
selbstlos lieben kann,
hilf, dass ich keinen entmutige, der mir begegnet.
Auch wenn mein Herz deine Ewigkeit nicht
umfängt, gib mir Zuversicht für den nächsten
Schritt.
Jeder neue Tag ist ein neues Angebot von dir, Herr.
Hilf mir, dass ich es nutzen kann.

Gott, ich danke dir,
dass du mir diesen Tag schenkst.
Ich danke dir für den Atem,
das Licht und die Wärme,
für die Kraft, aufzustehen
und die Arbeit anzupacken.
Ich danke dir für die Sonne,
für die Vögel vor meinem Fenster,
für die lachenden Kinder, für alles Lebendige,
das mich umgibt
und an dem du mich teilnehmen lässt.
Ich danke dir für die Menschen,
die zu mir gehören,
für meine Familie und alle, die mir gut sind.
Bleibe bei mir an diesem Tag.
Schenk mir die Kraft,
allen, die mir heute begegnen, gut zu sein,
wie du gut bist.

Herr, wir wollen diesen Tag
ganz in deine Hände legen.
Was er uns auch bringen mag,
alles wandelst du in Segen.
Lass in allem, was wir tun,
unsre Augen auf dir ruhn.

Herr Jesus,
im Schweigen dieses anbrechenden Morgens
komme ich zu dir
und bitte dich mit Demut und Vertrauen
um deinen Frieden, deine Weisheit, deine Kraft.
Gib, dass ich heute die Welt betrachte
mit Augen, die voller Liebe sind.
Lass mich in meinem Nächsten
den Menschen empfangen,
den du durch mich lieben willst.
Meine Worte sollen Sanftmut ausstrahlen
und mein ganzes Verhalten soll Frieden stiften.
Vor allem bewirke, o Herr,
dass ich so voller Frohmut und Wohlwollen bin,
dass alle, die mir begegnen,
deine Gegenwart und deine Liebe spüren.
sel. Mirjam von Abellin (1846–1878)

Gott, du hast uns Menschen die Erde anvertraut,
sie zu hüten und zu bebauen.
Du lässt deine Sonne über uns aufgehen,
damit sie uns leuchte.
Lass unser Tagewerk gelingen zu deiner Ehre
und zum Wohl unseres Nächsten.
Darum bitten wir dich durch Christus,
unseren Herrn.

Herr, schau herab auf uns und leite uns.
Lass leuchten über uns dein Antlitz.
Lass unserer Hände Werk gelingen.
Ja, lass gelingen unserer Hände Werk.

Herr, jeden Tag spüre ich deine Liebe.
Du sorgst für mich, du lässt mich nicht allein.
Lass mich heute deine Liebe weiterschenken
an alle Menschen, denen ich begegne.
Mach mich zu einem Quell der Freude für Trauernde,
zu einer Brücke des Friedens für Streitende,
zu einem Licht der Hoffnung für Mutlose.
Herr, mach mich zu einem Werkzeug deiner Liebe.

Danke, Gott, für diesen Morgen,
danke, dass du bei mir bist.
Danke für die guten Freunde
und dass du mich nie vergisst.
Danke für die Zeit zum Spielen,
für die Freude, die du schenkst,
und dass du an dunklen Tagen
ganz besonders an mich denkst.
Amen.
Kindergebet

O Gott, du hast in dieser Nacht
so väterlich für mich gewacht;
ich lob' und preise dich dafür
und dank' für alles Gute dir.
Bewahre mich auch diesen Tag
vor Sünde, Tod und jeder Plag';
und was ich denke, red' und tu',
das segne, liebster Vater, du!
Beschütze auch, ich bitte dich,
o heil'ger Engel Gottes mich!
Maria, bitt an Gottes Thron
für mich bei Jesus, deinem Sohn,
der hochgelobt sei allezeit
von nun an bis in Ewigkeit! Amen.
Kindergebet

Ich danke dir, lieber Gott,
für das schöne Leben,
die bunten Blumen, die frische Luft,
die Morgensonne.
Ich danke dir für Vater und Mutter,
für unsre Wohnung und für das Essen.
Ich danke dir für …
Du bist gut zu uns.
Lieber Gott, ich danke dir für das schöne Leben.
Amen.
Kindergebet

Du warst bei mir heute Nacht,
und nun bin ich froh erwacht.
Du bist auch am Tag bei mir,
guter Gott, ich danke dir.
Amen.
Kindergebet

Danke, lieber Gott,
dass ich mit dir reden darf.
Ich kann dir alles sagen:
das, was mich freut,
und das, was mich traurig macht;
auch das, was ich falsch gemacht habe.
Du hörst dir alles geduldig an.
Du bist gut zu mir.
Begleite mich an diesem Tag,
damit ich keine falschen Wege gehe.
Amen.
Kindergebet

TISCHGEBETE

Vor dem Essen

Komm, Herr Jesus, sei unser Gast,
segne uns und was du uns bescheret hast. Amen.

Die Augen aller warten auf dich, Herr,
und du gibst ihnen Speise zur rechten Zeit.
Du tust auf deine milde Hand
und erfüllst alles, was da lebt, mit deinem Segen.
So segne, Herr, uns und diese deine Gaben,
die wir nun von deiner Güte empfangen wollen,
durch Christus, unsern Herrn.

O Gott, von dem wir alles haben,
wir danken dir für diese Gaben.
Du speisest uns, weil du uns liebst.
O segne auch, was du uns gibst. Amen.

Alle guten Gaben, alles, was wir haben,
kommt, o Gott, von dir. Dank sei dir dafür.

Bevor wir essen, Herr, denken wir an die,
die Hunger haben und nicht satt werden.
Hunger nach Essen und Trinken,
Hunger nach Gerechtigkeit,
Hunger nach Liebe,
Hunger nach Hoffnung.
Stille du ihren Hunger,
wie du heute Mittag unseren Hunger stillst.
Lass uns dabei mithelfen
und zeige uns, was wir tun können.

Gott, segne unser täglich Brot,
bewahre uns vor aller Not. Amen.

Jedes Tierlein hat sein Essen,
jedes Blümlein trinkt von dir.
Hast auch uns heut nicht vergessen,
lieber Gott, wir danken dir. Amen.
Kindergebet

Du lässt die Sonne scheinen,
dass Mensch und Tier sich freun,
du lässt die Wolken regnen,
dass Saat und Frucht gedeihn,
du lässt die Ähren reifen
und gibst uns täglich Brot.
Du lässt uns fröhlich leben,
wir danken dir, o Gott! Amen.
Kindergebet

Nach dem Essen

Dir sei, o Gott, für Speis und Trank,
für alles Gute Lob und Dank.
Du gabst, du willst auch künftig geben.
Dich preise unser ganzes Leben. Amen.

Herr und Vater, wir danken dir für dieses Mahl.
Du hast uns heute neu gestärkt.
Hilf uns in deiner Kraft,
dir und unseren Mitmenschen zu dienen.

Wir danken dir, Herr Jesus Christ,
dass du unser Gast gewesen bist.
Bist du bei uns, ist keine Not,
du bist das wahre Himmelsbrot.
Wir danken dir, allmächtiger Gott,
für alle deine Wohltaten,
der du lebst und herrschst in Ewigkeit. Amen.

Wir wollen danken für unser Brot.
Wir wollen helfen in aller Not.
Wir wollen schaffen, die Kraft gibst du.
Wir wollen lieben, Herr, hilf dazu.

Reichlich war der Tisch gedeckt,
und es hat mir gut geschmeckt.
Was wir haben, kommt von dir,
lieber Gott, wir danken dir.
Amen.
Kindergebet

AM ABEND

Und wieder geht ein Tag zu Ende,
ich leg' ihn dir, Herr, in die Hände.
Nimm an, was gut war, froh und recht,
nimm weg, was bös war, traurig, schlecht.
Ich möcht' in deinem Segen ruhn
und morgen wieder Gutes tun.

Herr, der Tag geht zu Ende.
Ich blicke zurück auf Straßen, Zimmer, Tische.
Aber besonders auf die Menschen in den Straßen,
auf die Menschen in den Zimmern,
auf die Menschen an den Tischen.
Ich habe mit ihnen gesprochen,
habe gelächelt.
Ich habe mit ihnen gearbeitet und gegessen.
Ich bin ihnen begegnet
und wohl auch auf die Nerven gegangen.
Ich habe sie gereizt, getröstet, geliebt.
Das alles, Herr, habe ich Menschen getan;
das alles, Herr, habe ich dir getan.
Vergib mir, tröste mich, bleibe bei mir.

Vater, ich danke dir für diesen Tag.
Ich danke dir für das tägliche Brot,
für alles, womit du mein Leben erhalten hast,
für deine Sorge um mich.
Ein Tag des Lebens ist wieder vorüber.
Ich weiß nicht, wie du ihn haben wolltest,
sicher aber besser, als ich ihn gelebt habe.
Ich habe wenig nach deinem Willen gefragt.
Ich bin an Menschen vorübergegangen,
die vielleicht auf mich gewartet haben.
Ich habe zu wenig bedacht,
was du heute durch mich in dieser Welt
schaffen wolltest.
Ich bitte dich um Verzeihung für alles Unrecht,
für alle Nachlässigkeit und alles,
was ich versäumt habe.
Doch für das, was gut war, Herr, danke ich dir.
Führe du es weiter und vollende es.
Ich bitte dich nun für alle Menschen,
mit denen ich arbeite und lebe,
aber auch für alle andern,
die meine Fürbitte brauchen.
Lass uns lernen, einander zu dienen
und miteinander auszukommen.
Herr, schenke mir eine ruhige Nacht
und einen guten Schlaf.
Gib mir morgen neue Kraft für alles,
was du mir auftragen wirst.

Herr, der Tag brachte Arbeit und Aufregung.
Menschen haben mich gefragt und gefordert.
Ich habe kaum Zeit für mich gehabt.
Jetzt, ehe ich einschlafe, bin ich allein.
Ich bedenke, was ich getan und unterlassen habe.
Miss du mit deinem Maß meine Erfolge.
Verwandle mein Versagen in neue Möglichkeiten.
Lass mich einschlafen mit guten Gedanken.

Herr, mein Gott, ich danke dir für den Tag:
für das Leben, das du mir schenkst,
für das Licht und die Wärme,
für den Kaffee am Morgen
und das Glas Wein am Abend,
für die Menschen, die mir begegnet sind,
für alle Liebe, die ich erfahren habe,
für die Blumen auf dem Tisch,
für deine ganze bunte Welt,
für alles, was mir neu war,
für alles, was mir Freude brachte.
Herr, mein Gott, ich danke dir für den Tag.

Vater im Himmel, ich bitte dich für alle Menschen,
die heute Nacht nicht schlafen können.
Ich bitte dich für die Kranken,
hilf denen, die leiden.
Ich bitte dich für die Kinder,
die heute Nacht geboren werden,
und für die Menschen,
die heute Nacht sterben müssen.
Vergib allen, die Böses getan haben,
und schenk allen Traurigen deinen Frieden.

Herr, ich kann nicht einschlafen.
Ich bin müde, aber ich finde keine Ruhe.
Herr, da ist so viel, das mich gefangen hält.
Da erschrecken mich Gedanken und grausige
Phantasien.
Unruhig wälze ich mich hin und her.
Ich wünsche mir nichts sehnlicher als Schlaf.
Herr, hörst du?
Schlaf, tiefer Schlaf, das wäre wie eine Erlösung
für mich.

Herr, mein Gott, Ich danke dir,
dass du diesen Tag zu Ende gebracht hast;
ich danke dir, dass du Leib und Seele
zur Ruhe kommen lässt.
Deine Hand war über mir
und hat mich behütet und bewahrt.
Vergib allen Kleinglauben
und alles Unrecht dieses Tages
und hilf, dass ich allen vergebe,
die mir Unrecht getan haben.
Lass mich in Frieden
unter deinem Schutz schlafen.
Dietrich Bonhoeffer (1906–1945)

Lieber Gott, ich geh zur Ruh,
schließe froh die Augen zu,
denn ich weiß, in dunkler Nacht
hast du auf uns Kinder acht.
Wollst auch bei den Kranken sein
und die Traurigen erfreun.
Alle Menschen schütze du
und gib ihnen gute Ruh.
Amen.
Kindergebet

Müde bin ich, geh' zur Ruh,
schließe meine Augen zu.
Vater, lass die Augen dein
über meinem Bette sein.
Hab ich Unrecht heut getan,
sieh es, lieber Gott, nicht an.
Deine Gnad und Jesu Blut
machen allen Schaden gut.
Alle, die mir sind verwandt,
Gott, lass ruhn in deiner Hand;
alle Menschen, groß und klein,
sollen dir befohlen sein.
Kranken Herzen spende Ruh,
müde Augen schließe zu;
lass den Mond am Himmel stehn
und die stille Welt besehn!
Luise Hensel (1798–1876)

Der Mond steht am Himmel,
ich sag gute Nacht.
Du Hüter der Menschen,
halt über uns Wacht.
Beende auf Erden
den Krieg und den Streit
und mache auch mich, Gott,
zum Frieden bereit. Amen.
Kindergebet

Lieber Gott,
mir ist es heute gut gegangen.
Ich habe genug zu essen gehabt,
habe gespielt und Spaß gehabt.
Meine Eltern haben für mich gesorgt.
Ich bitte dich auch für die Menschen,
die Hunger haben.
Ich bitte dich auch für die Menschen,
die traurig sind und weinen.
Ich bitte dich auch für die Kinder,
die keine Eltern mehr haben.
Guter Gott, hilf allen Menschen
durch Christus, unseren Herrn.
Kindergebet

Großer guter Gott.
Vielen Dank für diesen Tag.
Wir haben gespielt, wir haben gelacht.
Wir haben geweint, wir haben gezankt,
wir haben uns lieb gehabt.
Wenn wir uns lieb haben, verzeihst du uns.
Segne uns alle und gib uns eine gute Nacht.
Kindergebet

Lieber Gott,
heute Abend sage ich dir meine Bitten:
Schütze meine Eltern und Geschwister
und lass uns immer gut zusammenhalten.
Schütze meine Freunde und Freundinnen
und lass uns immer viel Spaß miteinander haben.
Schütze meine Lehrer und Schulkameraden
und lass uns auch in der Schule
eine gute Gemeinschaft sein.
Kindergebet

AM SONNTAG

Mein Vater,
du lädst mich ein in deine Gemeinschaft:
du willst dein Wort an mich richten,
du bittest mich zu Tisch und gibst mir dein Brot.
Ich versuche, deine Einladung ernst zu nehmen.
Nur etwas Wichtiges kann mich heute davon abhalten.
Ich danke dir für das Ausschlafen.
Ich danke dir für diese Pause beim Wochenwechsel.
Ich danke dir für meine Mitmenschen.
Nicht jeder Mensch wird mir heute sympathisch sein,
weder zu Hause noch in der Kirche,
noch dort, wo ich heute verabredet bin.
Aber weil du der Vater aller Menschen bist,
sollen sie mir wie Schwestern und Brüder sein.
Mein Vater,
das ist mein Gebet am Anfang dieses Tages.

Herr mein Gott,
ich freue mich, dass es wieder Sonntag
geworden ist,
dass ich die Arbeit eine Weile beiseite legen kann,
dass ich ein bisschen mehr Zeit habe
für mich, für die andern, für dich.
Ich freue mich, aber ich weiß auch,
dass es mir unendlich schwer fällt,
die Gelegenheit wahrzunehmen,
wirklich innezuhalten.
Zu dicht steht die Arbeit noch vor mir,
auch wenn sie ruht.
Zu nahe bleiben mir die täglichen Sorgen,
bleibt mir meine Unzufriedenheit,
bleibt meine Unruhe.
Zu sehr fürchte ich die Stille,
weil sie meine innere Leere aufdecken könnte.
Herr, ich möchte wirklich Sonntag feiern,
ich möchte mich freuen an deiner Güte,
ich möchte die Stille erleben,
in der du mir nahe bist.
Herr, komm du, und lass es auch in mir selber
Sonntag werden.

Vor dem Gottesdienst

Herr, wir bitten dich für diesen Gottesdienst.
Wir kommen zu dir mit dem,
was uns Freude macht,
mit dem, was uns ärgert,
mit dem, was uns zu dir führt,
und mit dem, was uns ablenkt.
Lass uns beten
nicht, als ob es in den Wind geredet sei.
Lass uns hören
nicht, als ob wir schon alles wüssten.
Lass uns singen
nicht so, als ob es eine Zumutung wäre.
Lass uns aus dem Gottesdienst hinausgehen
nicht so, als ob wir gar nicht hier gewesen wären.
Hilf uns, dass wir uns öffnen für das,
was du geben und sagen willst.

Gebete im Jahreskreis

ADVENT

Biete auf, o Herr, deine Macht
und komm, du starker Gott und Heiland,
Führer des auserwählten Volkes,
Sehnsucht der Heiden,
Herr des Neuen Bundes
und König der ewigen Herrlichkeit!
Erlöse uns aus der Knechtschaft der Sünde
und leuchte hinein in unsere dunkle Welt:
der du lebst und herrschst in Ewigkeit.

Jesus,
als du vor zweitausend Jahren auf die Erde kamst,
haben dich die Menschen nicht aufgenommen.
Im armen Stall wurdest du geboren.
Hilf, dass wir uns gut vorbereiten
und dich besser empfangen.
Komm in unsere Mitte
und gib uns ein waches Herz.

WEIHNACHTEN

O Gott, dein Wesen ist Güte,
dein Wille Macht, dein Werk ist Erbarmen.
Du hast die hochheilige Nacht durch das
Aufleuchten des wahren Lichtes erhellt
und die Menschheit durch die Geburt deines
Sohnes von der Knechtschaft der Sünde erlöst.
Wir bitten dich: Lass uns Christus, das Licht der
Welt, in unsere Herzen aufnehmen
und seine göttliche Wahrheit und Liebe
zu den Menschen tragen,
damit sie dich erkennen und den du gesandt hast:
Jesus Christus, deinen Sohn, unsern Herrn.

Danke, lieber Gott, für Weihnachten.
Danke für die Freude am Heiligabend,
danke für die Geschenke und für das gute Essen.
Danke für unsere Familie
und für die Menschen, die uns gut sind.
Danke besonders für Jesus, deinen Sohn.
Er will alle Menschen glücklich machen.
Er ist für alle da. Darüber freuen wir uns.
Kindergebet

FEST DER UNSCHULDIGEN KINDER

Vater im Himmel, nicht mit Worten
haben die Unschuldigen Kinder dich gepriesen,
sie haben dich verherrlicht durch ihr Sterben.
Gib uns die Gnade, dass wir in Worten und Taten
unseren Glauben an dich bekennen.

Tagesgebet

Herr, unser Gott,
du hast den Unschuldigen Kindern
die Krone der Märtyrer geschenkt,
obwohl sie noch nicht fähig waren,
deinen Sohn mit dem Munde zu bekennen.
Christus, für den sie gestorben sind,
schenke auch uns im Sakrament
die Fülle des Heiles.

Schlussgebet

JAHRESWECHSEL

Alles, was zu Ende geht,
kommt in deine Hand.
Das Jahr, unser Leben, die ganze Welt.
Alles, was in deine Hand kommt,
erhält einen neuen Anfang.
Das Jahr, unser Leben, die ganze Welt.

Wieder vorübergegangen ist ein Jahr,
und ich bin noch.
Dir, o himmlischer Vater,
sei Lob, Dank und Preis
für alle Gaben und Wohltaten,
die ich im Laufe dieses Jahres
aus deiner väterlichen Hand empfangen habe.
Ein Jahr sagt es dem anderen,
wie voll der Liebe und Milde unser Gott ist,
und wie unendlich reich deine Erbarmungen
und Segnungen sind.
Johann Michael Sailer

Danke, lieber Gott,
dass du immer bei uns bist:
wenn ein Jahr zu Ende geht,
und wenn ein Jahr anfängt.
Beschütze unsere Familie,
dass wir alle gesund und fröhlich
zusammen bleiben.
Beschütze auch unsere Nachbarn,
unsere Freunde und unsere Verwandten.
Amen.

Lieber Gott,
das neue Jahr ist wie ein leeres Blatt.
Es ist noch nichts passiert,
was ich darauf schreiben könnte.
Aber sicher werde ich viel erleben -
mit den Eltern, mit meinen Freunden,
in der Schule und in der Kirche.
Manches wird mich glücklich machen,
manches auch traurig.
Was es auch sein mag,
sei bitte bei mir und begleite mich. Amen.
Kindergebet

Erscheinung des Herrn (Epiphanie)

Allherrschender Gott,
durch den Stern, dem die Weisen gefolgt sind,
hast du am heutigen Tag
den Heidenvölkern deinen Sohn geoffenbart.
Auch wir haben dich schon im Glauben erkannt.
Führe uns vom Glauben
zur unverhüllten Anschauung deiner Herrlichkeit.
Tagesgebet

Göttlicher Heiland,
wir haben das große
Geheimnis der Heiligen Nacht gefeiert.
Erfülle uns mit jener Freude,
welche die Hirten und die Weisen
aus dem Morgenland empfanden,
als sie dich in der Krippe sahen
und dich als Retter der Welt erkannten.
Lass uns mit ihnen dich loben und preisen
als unseren großen und allmächtigen Gott,
der als Menschenkind geboren wurde,
um uns zu Kindern Gottes zu machen.

FRÜHJAHR

O Gott, der Frühling ist so schön.
Die Natur erwacht aus ihrem Winterschlaf.
Die Bäume haben Knospen angesetzt,
und auf den Wiesen blühen die ersten Blumen.
Auf den Feldern beginnt die Saat zu sprießen,
und die Vögel zwitschern in den Bäumen.
Überall bringt die Natur neues Leben hervor.
Danke, großer Gott, für den Frühling.

Juchhe, juchhe!
Es schmilzt der Schnee,
die Sonne lacht,
das Eis, es kracht,
das Bächlein springt,
die Amsel singt,
der Krokus blüht,
ich pfeif ein Lied
und ruf dir zu:
Gott, groß bist du,
denn all die Pracht
hast du gemacht. Amen.
Kindergebet

BUSS- UND FASTENZEIT

Am Aschermittwoch

Getreuer Gott, im Vertrauen auf dich
beginnen wir
die vierzig Tage der Umkehr und Buße.
Gib uns die Kraft zu christlicher Zucht,
damit wir dem Bösen absagen
und mit Entschiedenheit das Gute tun.
Tagesgebet am Aschermittwoch

Allmächtiger Gott,
du schenkst uns die heiligen vierzig Tage
als eine Zeit der Umkehr und Buße.
Gib uns durch ihre Feier die Gnade,
dass wir in der Erkenntnis Jesu Christi
voranschreiten und die Kraft seiner Erlösungstat
durch ein Leben aus dem Glauben
sichtbar machen.
Aus dem Tagesgebet des 1. Fastensonntags

Herr, unser Gott, du hast in deinem Sohn
die Menschheit auf wunderbare Weise
mit dir versöhnt.
Gib deinem Volk einen hochherzigen Glauben,
damit es mit froher Hingabe
dem Osterfest entgegeneilt.
Nach dem Tagesgebet des 4. Fastensonntags

Guter Gott,
mit unseren Sünden kommen wir zu dir –
befreie uns von der Last unserer Schuld.
Es fällt uns schwer, Fehler einzugestehen –
gib uns Mut zur Wahrheit.
Wir sehnen uns nach Umkehr und Neubeginn –
schenke uns Kraft für einen neuen Anfang.
Lege Versöhnung und Barmherzigkeit
in unsere Herzen,
damit wir zu dir und zueinander finden
und befreit das Osterfest feiern können.

Herr, der du während vierzig Tagen
für uns gefastet und gebetet hast,
lehr uns, mit dir unsere Sünden zu beklagen
und in deiner Nähe zu bleiben.
So wie du mit Satan gerungen
und über ihn gesiegt hast,
gib uns die Kraft, zu kämpfen
und mit dir die Sünde zu überwinden.
So wie du gehungert und gedürstet hast,
lehre uns, barmherziger Herr,
uns selbst zu sterben und nur zu leben
nach deinem allerheiligsten Wort.
Und während dieser reuevollen Tage
und deine Leidenszeit hindurch,
ja, auf immer, sei's im Leben, sei's im Tod,
Jesus Christ, bleibe du bei uns!
Bleibe bei uns, so dass, wenn vorüber
dies Leben voller Leid,
uns ein Ostern ewiger Freude
schließlich werde zuteil!

Claudia Frances Hernaman (1838–1898), engl. Schriftstellerin

Passionszeit

O Herr, wenn alle Freunde fern sind
und Trauer unser Herz erfüllt,
wenn wir allein die dunkle Stunde tragen müssen,
dann bist du unserem Beten nahe
und wirst uns dankbar
deine Gegenwart spüren lassen.
O Herr, wenn Furcht uns überfällt,
die Zukunft dunkel vor uns liegt
und alle Hoffnung vernichtet erscheint,
dann bleibe du bei uns und sprich:
»Ich bin's, verzaget nicht.«
O Herr, wenn es uns scheint,
als hätte uns selbst Gott verlassen,
so lehre und stärke uns,
auch dieses Gefühl der Gottverlassenheit
um derer willen zu ertragen,
die sich von Gott abgewendet haben.
O Herr, um deiner Ölbergstunde willen:
erbarme dich der Sünder,
erbarme dich der Sterbenden,
erbarme dich der Verstorbenen,
erbarme dich unser in Zeit und Ewigkeit.

Am Gründonnerstag

Allmächtiger, ewiger Gott,
am Abend vor seinem Leiden
hat dein geliebter Sohn der Kirche das Opfer
des Neuen und Ewigen Bundes anvertraut
und das Gastmahl seiner Liebe gestiftet.
Gib, dass wir aus diesem Geheimnis
die Fülle des Lebens und der Liebe empfangen.
Aus dem Tagesgebet

Am Karfreitag

Allmächtiger, ewiger Gott,
durch das Leiden deines Sohnes
hast du den Tod vernichtet,
der vom ersten Menschen
auf alle Geschlechter übergegangen ist.
Nach dem Gesetz der Natur tragen wir
das Abbild des ersten Adam an uns;
hilf uns durch deine Gnade,
das Bild des neuen Adam in uns auszuprägen
und Christus ähnlich zu werden.
Aus dem Eröffnungsgebet

Osterfest

Gott, du hast diese Nacht hell gemacht
durch den Glanz der Auferstehung unseres Herrn.
Erwecke in deiner Kirche den Geist der Kindschaft,
den du uns durch die Taufe geschenkt hast,
damit wir neu werden an Leib und Seele
und dir mit aufrichtigem Herzen dienen.
Darum bitten wir durch Jesus Christus.
Tagesgebet in der Osterzeit

Allmächtiger, ewiger Gott,
am heutigen Tag hast du
durch deinen Sohn den Tod besiegt
und uns den Zugang zum ewigen Leben
erschlossen.
Darum begehen wir in Freude
das Fest seiner Auferstehung.
Schaffe uns neu durch deinen Geist,
damit auch wir auferstehen
und im Licht des Lebens wandeln.
Darum bitten wir durch Jesus Christus.
Tagesgebet am Ostersonntag

Großer Gott,
durch die Auferstehung deines Sohnes
hast du den Tod besiegt.
Du wandelst unsere Trauer in Freude,
unsere Zweifel in Vertrauen,
unsere Mutlosigkeit in neue Kraft,
unser Sehnen in Erfüllung.
Lass uns mit frohem Herzen
dieses Osterfest feiern
und den Frieden und die Liebe
des Auferstandenen in die Welt tragen.

CHRISTI HIMMELFAHRT

Allmächtiger, ewiger Gott,
erfülle uns mit Freude und Dankbarkeit,
denn in der Himmelfahrt deines Sohnes
hast du den Menschen erhöht.
Schenke uns das feste Vertrauen,
dass auch wir zu der Herrlichkeit gerufen sind,
in die Christus uns vorausgegangen ist,
der in der Einheit des Heiligen Geistes
mit dir lebt und herrscht in alle Ewigkeit.
Tagesgebet

Pfingsten

O Gott der Glorie, Herr der Heerscharen,
als Sieger bist du über alle Himmel
emporgestiegen,
lass uns nicht als Waisen zurück,
sondern sende auf uns herab
den lebendigmachenden Geist.
Sende uns den Geist der Wahrheit,
damit wir dich und den Vater
mehr und mehr erkennen.
Sende uns den Geist der Frömmigkeit,
damit wir den Vater im Geist
und in der Wahrheit anbeten.
Sende uns den Geist der Stärke,
damit wir gegen das Böse in uns und um uns
tapfer kämpfen.
Sende uns den Geist des Mutes,
mit dem du die Apostel ausgerüstet hast,
vor Statthalter und Könige zu treten
und dich zu bekennen.
Sende uns den Geist der Geduld,
damit wir uns in allen Prüfungen
als deine getreuen Knechte bewähren.
Sende uns den Geist deiner Liebe,
damit wir, von seiner Glut berührt,
das neue Gebot der Bruderliebe erfüllen.

Sende uns den Geist der Freude,
damit wir uns glücklich preisen,
dass wir Kinder unseres Vaters im Himmel sind.
Sende uns den Heiligen Geist, den Tröster,
damit wir in der Bosheit
und Gottlosigkeit der Welt nicht verzagen,
sondern uns deiner göttlichen Nähe erfreuen.

Gott, unser Herr,
du hast das österliche Geheimnis
im Geschehen des Pfingsttages vollendet
und Menschen aus allen Völkern
das Heil geoffenbart.
Vereine im Heiligen Geist
die Menschen aller Sprachen und Nationen
zum Bekenntnis deines Namens.
Darum bitten wir durch Jesus Christus.
Tagesgebet am Vorabend von Pfingsten

Sommer

Großer Gott, wir danken dir für diesen Sommer,
für die Strahlen der Sonne,
die deiner Schöpfung Leben einhauchen
und uns Menschen durch ihr Licht
und ihre Wärme fröhlicher machen.
Wir danken dir für die Blumen,
die im Garten und am Wegesrand blühen
und in allen Farben dein Lob verkünden.
Wir danken dir für die Vögel,
die dein Loblied singen –
jedes auf seine Art.
Wir danken dir für den Regen,
der uns über das Gesicht läuft,
der die Pflanzen nährt
und die Tiere tränkt.
Du hast uns den Sommer geschenkt,
in dem die Natur überquillt vor Leben.
Hilf uns, dass wir uns nicht als Herrscher
über deine Schöpfung aufspielen,
sondern sie bewahren und schützen,
damit auch unsere Kinder und Kindeskinder
deine Sommer erleben können.

Gott, der Sommer ist schön.
Ich kann barfuß über die Wiese laufen
und dabei an Blumen riechen
und den Käfern beim Krabbeln zusehen.
Ich kann in unserem Garten
Beeren vom Strauch naschen,
im Planschbecken spielen
oder mich von der Sonne kitzeln lassen.
Die Pflanzen, die Tiere und die Sonne –
alles hast du gemacht.
Ich danke dir für den Sommer.
Kindergebet

Herbst und Ernte

Gott, du hast uns einst versprochen:
Solange sich die Erde dreht,
soll es Saat und Ernte geben.
Dass dein Wort noch fortbesteht,
sehen wir in deinen Gaben:
Korn und Früchte, Brot und Wein.
Sie sind Zeichen deiner Güte.
Gott, dir will ich dankbar sein!
Amen.
Kindergebet

Du Spender alles Guten,
dessen Hand die ganze Welt ins Dasein gerufen hat,
du sorgst für all deine Geschöpfe
in väterlicher Güte.
Auch für uns hast du gesorgt.
Wir danken dir für deinen Erntesegen.
Du hast die Früchte des Feldes reifen lassen.
Wir danken dir von Herzen für deine Liebe
und Güte und für dein Erbarmen,
dass du uns trotz unserer Sünden
so reich beschenkt hast.
Nie wollen wir vergessen,
dass alle gute Gabe von dir kommt
und dass wir sie maßvoll und in Dankbarkeit
gebrauchen sollen.
Wir wollen unsere notleidenden Mitmenschen
nicht vergessen.
Lass uns als treue Verwalter deiner Gaben
ihnen in der Not helfen,
damit auch sie deine Güte preisen
und wir einst als reife Früchte in deine Scheune
eingesammelt werden,
wenn du uns durch deine Engel
zur ewigen Ernte rufst.

Gedenktag der Reformation

Wir sehen die vielfache Not der Welt
und das vielfache Versagen der Kirche.
Wir klagen uns an,
dass wir nicht fröhlicher geglaubt,
nicht mutiger geredet
und nicht geduldiger gearbeitet haben.
Wir bekennen unsere Schuld,
jeder für sich und alle gemeinsam.
So spricht Gott, der Herr:
»Ich will meinen großen Namen,
den ihr unter den Völkern entheiligt habt,
wieder heilig machen.
Ich will euch ein neues Herz
und einen neuen Geist in euch geben.
Ihr sollt mein Volk sein,
und ich will euer Gott sein.«
Wir danken Gott mit allen,
die sich an sein Wort halten.

ALLERHEILIGEN

Allmächtiger, ewiger Gott,
du schenkst uns die Freude,
am heutigen Fest
die Verdienste aller deiner Heiligen zu feiern.
Erfülle auf die Bitten so vieler Fürsprecher unsere
Hoffnung und schenke uns dein Erbarmen.
Aus dem Tagesgebet

ALLERSEELEN UND TOTENSONNTAG

Allmächtiger Gott,
wir glauben und bekennen, dass du deinen Sohn
als Ersten von den Toten auferweckt hast.
Stärke unsere Hoffnung,
dass du auch unsere Brüder und Schwestern
auferwecken wirst zum ewigen Leben.
Aus dem Tagesgebet

Ewiger Gott und Vater aller Menschen,
für dich sind wir erschaffen,
und unruhig ist unser Herz,
bis es Ruhe findet in dir.
Wir bitten dich um Gnade für unsere Toten:
Schenke ihnen das ewige Leben.
Verkürze die Zeit ihrer Läuterung.
Nimm all unsere verstorbenen Eltern, Verwandten und Freunde in die himmlischen Wohnungen auf.
Tröste die trauernden Angehörigen durch die Hoffnung auf die ewige Gemeinschaft.
Gewähre uns ein glückliches Wiedersehen im Himmel.
Gott, bei dir ist Barmherzigkeit und Heil.
Sieh herab auf unsere Verstorbenen,
derer wir heute besonders gedenken.
Schau nicht auf ihre Sünden und Vergehen,
sondern handle nach deiner Erbarmung und Gnade.
Vollende das Werk ihrer Läuterung
um des kostbaren Blutes Christi willen.
Lass sie dein Wort vernehmen:
»Kommt, ihr Gesegneten meines Vaters,
und besitzt das Reich, das euch bereitet ward
von Anbeginn!«

Still sind die Gräber,
aber die Seelen der Toten sind in deiner Hand.
Man spürt die Blicke der Lieben
aus der anderen Welt.
Herr, rette die Ermordeten
und lebendig Begrabenen,
die von der Erde Verschütteten
und von Wellen und Feuer Verzehrten.
Wegen der Schmerzen, die sie erlitten,
gib ihnen deine ewige Freude,
damit sie die Zeit ihres Leidens
als den Tag ihrer Erlösung segnen
und dich besingen: Halleluja!
Herr, leuchtende Sonne,
erwärme und erhelle die Wohnungen der
Verstorbenen.
Herr, möge schwinden die bittere Zeit der
Trennung.
Schenke uns ein frohes Wiedersehen im Himmel.
Aus der Ostkirche

Christkönigssonntag

Herr Jesus Christus,
du bist unser Hirte,
führe dein Volk.
Du bist unser Meister,
lehre uns deinem Beispiel zu folgen.
Du bist der Friedensfürst,
versöhne die Völker.
Du bist der Erstgeborene von den Toten,
nimm auch uns auf in deine Herrlichkeit.
Du bist der König,
zeige uns dein Reich.

Gebete im Lebenskreis

KINDER

Vater im Himmel,
du hast uns unsere Kinder anvertraut.
Wir freuen uns, dass wir sie haben.
Wir freuen uns über alle guten Anlagen,
die wir an ihnen entdecken.
Wir freuen uns, wenn sie gesund sind
und heranwachsen.
Wir freuen uns,
wenn wir miterleben dürfen,
wie sie sich entfalten.
Herr, wir danken dir für unsere Kinder.
Wir wollen ihnen helfen, so zu werden,
wie du sie haben willst.
Wir wollen Geduld haben,
wenn sie uns Sorgen machen.
Darum bitten wir dich, Herr,
segne unsere Kinder.
Lass sie von Tag zu Tag mehr lernen,
ihr Leben selbst in die Hand zu nehmen.
Gib ihnen einen Glauben,
der ihr Denken und Tun durchdringt.
Führe sie einmal zu dem Beruf,
der ihnen Freude macht.
Schenke ihnen Freunde, die sie verstehen
und ihnen helfen.

Und wenn sie auf falsche Wege geraten,
dann führe sie wieder zurück.
Bleib in unserer Familie;
wir alle brauchen dich.

Herr, hilf uns,
dass wir Geduld haben mit unseren Kindern,
dass wir Zeit haben für sie,
wenn sie uns brauchen,
dass wir uns ihre Ansichten und Meinungen anhören,
wie sehr sie auch von den unsrigen abweichen.
Hilf uns in unseren gemeinsamen Gesprächen,
dass wir zueinander Vertrauen haben.
Und wenn unsere Kinder
ihr Wissen erweitern wollen,
hilf uns, dass wir mit ihnen lernen.

Für die Freunde der Kinder

Für die Freunde meiner Kinder
danke ich dir, Herr.
Ich kenne nicht alle Freunde meiner Kinder –
halte deine Hand über sie.
Gib ihnen Gelegenheit, aufrichtig, fröhlich
und mutig zu sein.
Ich mag nicht alle, die meine Kinder
ihre Freunde nennen.
Für sie bitte ich besonders um deine Sorge
und den Beistand deines Geistes.
Vielleicht habe ich sie entmutigt und verletzt.
Meine Kinder und ihre Freunde
wollen eine neue, eine bessere,
eine friedlichere Welt.
Lass sie ihnen gelingen,
Herr, unser aller Freund.

Herr Gott, du hast mir die Eltern gegeben
und auch Geschwister. Ich danke dir.
Herr, gib, dass ich sie lieben kann,
damit Frieden bei uns ist.
Herr, gib auch, dass ich sie verstehen kann
und dass sie mich verstehen.
Kindergebet

Wir sind eine Familie.
Ich habe Geschwister.
Ich habe auch Freunde, mit denen ich draußen spiele.
Auch Großmutter und Großvater,
Onkel und Tante habe ich.
Viele, viele Menschen, die alle gut zu mir sind.
Mutter sagt: Überall wohnen Menschen,
weiße, braune, gelbe, rote!
Alle Menschen sind eine große Familie!
Du, lieber Gott, bist ihr Vater.
Ich habe viele Brüder und Schwestern.
Kindergebet

Ich bin ärgerlich und traurig.
Ich finde das Leben ungerecht.
Warum gelingt mir so wenig?
Mein Bruder kann alles. Was er macht, das gelingt.
Er kann gut laufen und werfen.
Er macht seine Schularbeiten ganz allein.
Er weiß alles besser als ich.
Ich möchte auch einmal etwas können
und gelobt werden.
Sonst macht das Leben keinen Spaß.
Zeig mir endlich einmal, was ich gut kann
und wo ich Gaben habe.
Kindergebet

Wenn Papa und Mama tagelang
nicht miteinander sprechen, ist mir,
als sei es in unserem Haus dunkel und kalt.
Gib Mama einen Stoß,
dass sie wieder anfängt zu sprechen.
Wenn sie nicht will, dann bringe Papa dahin,
dass er das erste Wort sagt.
Kindergebet

Gebet um einen Vater

Großer Gott,
ich hätte so gern einen richtigen Vater.
Mein Vater kümmert sich nicht um mich,
er hat auch meine Mutter nicht lieb.
Er kommt nie nach uns schauen.
Wir sind ihm lästig, wir sind ihm zuviel.
Warum muss ich ohne Vater sein?
Ich brauche einen Vater, mit dem ich basteln
und spielen und Fische fangen kann,
mit dem ich plaudern darf,
der mich lobt, wenn ich fleißig war.
Mir gefällt es ohne Vater nicht.
Hilf mir, großer Gott, dass wir einen Vater haben,
einen ganz richtigen Vater.
Kindergebet

Gebet der Eltern vor der Erstkommunion

Vater, du hast uns Jesus Christus, deinen Sohn,
zum Bruder gegeben.
Unser Kind hat angefangen, ihn zu lieben.
Darum haben wir den Mut, es teilhaben zu lassen
an der Tischgemeinschaft mit ihm.
Hilf uns, Herr, mit unserm Kind das Geheimnis
seiner Gegenwart dankbar zu glauben.
Schenk uns durch diese heilige Kommunion
eine immer tiefere Freude an der Gemeinschaft
mit dir und mit allen, die dich lieben.

Gebet der Erstkommunionkinder

Jesus, du machst uns glücklich,
weil du uns auf so vielen Wegen begegnest.
Danke, dass du heute im Brot
und im Wein bei uns bist.
Du begegnest uns in der Kommunion,
die wir mit unseren Eltern und Freunden teilen.
Hilf uns, dass wir dich bei jeder Begegnung
in der heiligen Kommunion mehr kennen lernen
und stärker lieben. Amen.
Kindergebet von den Philippinen

Schule

Zum ersten Schultag

Lieber Gott,
heute ist mein erster Schultag.
Ich bin gespannt.
Aber ich habe auch etwas Angst.
Ich will gut aufpassen und mitmachen.
Aber werde ich auch alles verstehen?
Welche Lehrer bekomme ich?
Welche Klassenkameraden?
Kann ich meinen Schulweg bald allein gehen?
Gib mir Lehrer, die mich verstehen,
bei denen das Lernen Spaß macht.
Schenk allen Kindern einen guten Anfang.
Kindergebet

Am Morgen eines Schultages

Lieber Gott, der Tag hat begonnen,
hilf mir bitte, ihn so zu leben,
wie du es willst.
Lass mich meine Mitschüler nicht
um ihre besseren Zensuren
und schönere Kleidung beneiden.
Halte mich zurück, wenn ich mich
mit anderen Kindern prügeln möchte.
Hilf mir die Wahrheit zu sagen,
auch wenn mir eine Lüge leichter fiele.
Du, lieber Gott, hältst zu mir;
lass auch mich zu denen halten,
die mich brauchen.
Amen.
Kindergebet

Es ist zum Verzweifeln.
Ich komme in der Schule nicht zurecht.
Ich gebe mir zu Hause alle Mühe
und lerne und lerne,
und dann kann ich es plötzlich doch nicht,
wenn ich an die Reihe komme.
Der Lehrer hat mir schon wieder
eine Fünf gegeben.
Was soll ich nur machen?
Weißt du einen Weg?
Kindergebet

Lieber Gott,
eigentlich will ich mich gar nicht
mit meinen Mitschülern streiten,
aber manchmal platzt mir einfach der Kragen:
wenn sie mich bei anderen schlecht machen,
mich mit Worten oder Taten provozieren
oder mich aus ihrem Tun ausschließen.
Du Gott aller Kinder,
ich will daran denken,
dass du sie auch dann liebst.
Hilf mir, meine Mitschüler auch zu mögen,
wenn sie einmal gemein zu mir sind.
Kindergebet

Bei einer Klassenarbeit

Lieber Gott,
wir schreiben heute eine Klassenarbeit.
Du weißt, dass ich zu Hause viel geübt habe;
und trotzdem habe ich Angst.
Du weißt auch, dass ich oft aufgeregt bin
und sogar Magenschmerzen bekomme.
Bitte, hilf mir, dass ich ruhiger werde
und diesmal besonders gut aufpasse!
Sende mir den Heiligen Geist,
dass er meinen Verstand erleuchtet
und die Klassenarbeit gut gelingt!
Danke, lieber Gott!
Kindergebet

Vater, hilf mir am heutigen Tag.
Wir schreiben eine Klassenarbeit,
und ich möchte zeigen, was ich gelernt habe.
Lass mich gelassen sein
und schenke mir einen klaren Kopf.
Hilf mir, mich zu erinnern.
Und lass mich nicht vergessen,
dass deine Liebe nicht von meinen schulischen
Leistungen abhängt. Amen.
Kindergebet aus Bangladesch

Am Zeugnistag

Lieber Gott, heute bekommen wir die Zeugnisse.
Manche meiner Mitschüler erwarten gute Zensuren.
Sie können sich freuen.
Für andere aber ist das Zeugnis kein Ruhmesblatt,
auch für mich nicht.
Ich hätte fleißiger sein können und sollen,
aber ich hatte darauf keinen Bock.
Schöner als langweiliges Lernen
war es in der Clique und beim Fußball.
Nun habe ich den Ärger. Wie wird es weitergehen?
Hilf mir, o Herr, mich im kommenden Schuljahr
mehr anzustrengen.
Das will ich auch meinen Eltern versprechen.
Kindergebet

Lieber Gott, ich danke dir für mein Zeugnis.
Ich bin zufrieden und froh darüber,
dass ich nicht sitzen geblieben bin.
Ich weiß nicht, ob meine Eltern auch zufrieden
sind, denn wenn ich mich mehr anstrengen
würde, könnten meine Zensuren besser sein.
Aber Opa hat gesagt: Hauptsache geschafft!
Danke, lieber Gott, für meinen Opa.
Kindergebet

Für das jüngere Schulkind

Herr, unser Kind ist fröhlich
aus dem Haus gegangen.
Behüte es auf dem verkehrsreichen Schulweg.
Schütze es vor Gefahren an Leib und Seele,
an die wir kaum zu denken wagen.
Du weißt, dass wir unserm Kind helfen möchten,
in der Schule erfolgreich zu sein.
Hilf uns, die Kräfte und Gaben unseres Kindes
richtig zu beurteilen.
Gib uns die Kraft, ihm Sicherheit zu geben,
ihm immer wieder Mut zu machen.
Segne seine Lehrer, Herr,
und schenke ihnen Einsicht, Geduld,
Weisheit, Gerechtigkeit und Güte.
Lass unser Kind gesund und zuversichtlich
nach Hause kommen.
Lass unser Zuhause seine Zuversicht sein.

Bei Schwierigkeiten in der Schule

Vater im Himmel,
ich danke dir, dass du mich verstehst,
auch dann, wenn ich selbst manches
nicht mehr verstehe.
Ich muss heute mit dir über unser Kind reden.
Wieder hat es Schwierigkeiten in der Schule
gegeben.
Die Leistungen sinken.
Das Betragen lässt zu wünschen übrig.
Das Klassenziel ist gefährdet.
Herr, das alles bedrückt mich!
Ich habe mit den Lehrern gesprochen.
Manche haben Verständnis,
andere stellen harte Forderungen,
wieder andere sind nahe daran zu resignieren.
Die Klassen sind zu groß, die Kinder zu unruhig,
doch der Lehrplan soll erfüllt werden.
Ich verstehe ja, dass das an die Nerven geht.
Aber mir doch auch!
Herr, lass uns nicht einfach resignieren!
Gib mir den Mut, in Elternversammlungen
zu sagen, was in unserem Schulsystem
besser gemacht werden muss.
Lass mich deutlich reden,
ohne unnötig zu verletzen!
Vater im Himmel, unser Kind ist doch dein Kind.

Du siehst, wie schwer es zur Zeit ist,
mit ihm zu reden;
wie gereizt es ist,
wenn ich nur von der Schule anfange;
wie schnell mir der Geduldsfaden reißt
und alles wieder mit einem Krach endet,
trotz meiner guten Vorsätze.
Herr, gib mir den langen Atem der Geduld,
der mir hilft, unser Kind durch diese kritische Zeit
hindurchzulieben!
Lass mich in meiner Liebe nicht eifersüchtig sein,
wenn unser Kind sich löst,
um selbständig zu werden.
Gib du ihm gute Begleiter,
damit es nicht Schaden nimmt an Leib und Seele,
und gehe du selbst mit unserem Kind.
Danke, Herr, dass du mein Kind verstehst. Danke!

JUGEND UND AUSBILDUNG

Herr, ich möchte frei und selbständig sein.
Du willst es so.
Wie sollte ich sonst Verantwortung übernehmen können.
Es kann sein, dass es dadurch manchmal
zu Konflikten in unserer Familie kommen wird.
Dabei will ich nie vergessen,
dass ich meinen Eltern viel verdanke,
mein Leben, mein Zuhause
und Hilfe in vielen Schwierigkeiten.
Ich brauche meine Eltern.
Lass mich ihre Sorgen und Nöte verstehen.
Ich will das Gespräch mit ihnen suchen
und hinhören auf ihre Ratschläge.
Ihren Argumenten will ich mich nicht verschließen
und ihre Autorität als Eltern achten.

Himmlischer Vater, ich danke dir,
dass du mir durch meine Eltern
unzählige Wohltaten erwiesen hast.
Vergilt ihnen das Gute, das sie mir
vom ersten Tag an getan haben,
und hilf mir, ihnen dankbar zu sein.
Segne ihre Arbeiten und Mühen,
erhalte sie gesund und tröste sie in der Prüfung.
Lass sie reich werden an allem Guten
und bewahre sie vor dem Übel.
Segne auch meine Geschwister und all unsere
Verwandten und führe uns einmal alle wieder
zusammen im ewigen Vaterhaus. Amen.

Herr, ich fühle mich von meinen Eltern
nicht mehr verstanden.
Alles, was ich anfange, stößt auf ihren Widerstand.
Ich habe mir meine eigene Welt eingerichtet,
und ich empfinde die Eingriffe meiner Eltern
als störend.
Immer wieder enden die Gespräche damit,
dass sie mir ihre Lösungen aufzwingen wollen.
Ich möchte einmal richtig mit ihnen reden,
dass wir uns gegenseitig zuhören
und aufeinander eingehen.
Gib uns allen mehr Verständnis.

Für den Jugendlichen

Lieber himmlischer Vater!
Wir danken dir, dass du uns dieses Kind
geschenkt und anvertraut hast.
Du willst es durch uns erzogen wissen
und hast uns damit die große Aufgabe unseres
Lebens gegeben.
Du weißt, wieviel Sorge es uns macht.
Gib, dass wir richtig mit ihm umgehen.
Verleih uns den Mut zur Strenge, wo es nötig ist;
und die Bereitschaft zum Verzeihen,
wo Schuld unsere Gemeinschaft zerstört hat.
Bewahre uns vor dem Zorn, der das Herz verhärtet,
und vor der Gleichgültigkeit,
die uns voneinander trennt.
Wir haben manches versäumt und falsch gemacht
in seiner Erziehung;
aber du weißt,
dass wir immer das Beste gewollt haben.
Wir sollten Vorbild sein, aber wir haben versagt.
Unser Glaube ist schwach gewesen,
und wir haben dich vergessen.
Unsere Arbeit und unser Wohlergehen
standen im Mittelpunkt und nicht dein Wille.
Wenn unser Kind den Weg zu dir nicht gefunden
hat, dann ist das auch unsere Schuld.
Wir gestehen, dass wir ihm oft nicht die Zeit

gewidmet haben, die es gebraucht hat.
Wenn unser Wort jetzt ungehört bleibt,
so wissen wir es doch in deiner Hut
und deinen Händen.
Blicke du jetzt auf unser Kind,
wenn es Wege geht, die sich von uns entfernen.
Bewahre es vor der Versuchung
und vor dem Bösen,
vor schlechtem Rat und falschen Freunden.
Lass uns gemeinsam einen neuen Anfang finden
und die Bitterkeit überwinden auf beiden Seiten.
Dazu verhilf uns durch den,
den du zum Boten der Versöhnung
und des Friedens gemacht hast,
Jesus Christus, unsern Herrn.

Meine Kinder gehen jetzt eigene Wege.
Sie besprechen nicht mehr viel mit mir.
Sie suchen.
Gott, hilf ihnen, ihren eigenen Weg zu finden.
Hilf ihnen, Wege zu sich selbst zu finden
und auch die Wege zu guten Freunden.

Um die richtige Berufswahl

Himmlischer Vater! Du hast mich erschaffen
und mir in deiner Liebe
einen Lebensweg zugedacht,
auf dem ich mein ewiges Heil erreichen soll.
Lass mich erkennen, was du mit mir vorhast,
zeige mir den Beruf, der für mich passt.
Zeige mir, wo ich meine Kräfte
am besten einsetzen
und wo ich am besten dir dienen kann.
Lass mich meinen Beruf richtig wählen,
ihn gründlich erlernen
und einmal etwas Tüchtiges leisten.
Amen.

Vor einer Prüfung

Herr, hilf,
dass ich meine Gedanken und Kräfte
sammle und ruhig werde.
Stärke mich in der Stunde der Prüfung,
dass die Mühe meiner Vorbereitung
nicht vergeblich sei,
und lass mich ein gerechtes Urteil finden.

Zur Firmvorbereitung

Herr, durch die Taufe bin ich Mitglied deiner Kirche geworden.
Ich danke dir dafür.
Über den Empfang der Taufe
haben damals meine Eltern entschieden.
Heute bin ich alt genug, selbst über mein Leben
und meinen Glauben zu entscheiden.
Und so sage ich bewusst Ja zu dir,
zu deiner Kirche und zu meiner Taufe.
Ich will mich bemühen,
in meinem Glauben zu wachsen,
auch wenn das nicht immer einfach sein wird,
auch wenn manches Argument
und manches Erlebnis
gegen den Glauben zu sprechen scheinen.
Hilf mir dann bitte und erleuchte mich. Amen

Um die Gaben des Heiligen Geistes

Großer Gott, heute empfange ich das Sakrament der Firmung.
Stärke mich mit den Gaben des Heiligen Geistes:
der Gabe der Weisheit,
damit ich zwischen richtig und falsch unterscheiden kann,
der Gabe der Einsicht,
damit ich das rechte Verständnis habe,
der Gabe des Rates,
damit ich Schwierigkeiten und Zweifel meistern
und mit guten Ideen anderen helfen kann,
der Gabe der Erkenntnis,
damit ich die Dinge sehe, wie sie sind,
und mir nichts vormache,
der Gabe der Stärke, damit ich
die Schwierigkeiten des Lebens mit Tatkraft angehe,
Enttäuschungen aushalte
und mutig meinen Glauben bekenne,
der Gabe der Frömmigkeit,
damit ich dich liebe und an dich glaube,
dich in dieser Welt erkenne und meinen
Mitmenschen Gutes tue,
der Gabe der Gottesfurcht,
damit ich auf dein Wort höre.

Am Tag der Firmung

Großer Gott, ich werde heute gefirmt.
Zu dem Glauben an dich,
den meine Eltern und Paten an meiner Stelle
bei der Taufe bekannt haben,
will ich mich bei der Firmung
jetzt selbst bekennen.
Lass mein Ja zu dir, zu meinem Glauben
ehrlich sein und schenke mir die Kraft,
es mein Leben lang durchzuhalten.
Ich weiß, das wird nicht leicht werden.
Viele Menschen, die ich achte,
teilen meinen Glauben an dich nicht,
manche Erfahrung spricht dagegen.
In der Firmung bitte ich dich
um die Kraft und den Geist,
mein Leben an dir ausrichten zu können.
Stärke mich auch durch die Gemeinschaft
der an dich Glaubenden. Amen.

Zur Konfirmation

Großer Gott und Herr,
in wenigen Tagen werde ich konfirmiert,
wirst du mich stärken zu einem Leben
aus dem Geiste Christi.
Bei meiner Taufe haben meine Eltern den Glauben
an dich stellvertretend für mich bekannt.
Nun habe ich mich frei und bewusst entschieden:
Ja, ich glaube an dich, den allmächtigen Vater,
und an Jesus Christus, deinen eingeborenen Sohn,
der mit dir lebt und herrscht
in der Einheit des Heiligen Geistes.
Ich will mein Leben, so gut ich eben kann,
als Christ leben und dies auch bekennen.
Ich weiß, das wird nicht immer leicht sein.
Viele Menschen lehnen den Glauben ab.
So bitte ich um deine Hilfe und Führung.
Stärke mich durch die Konfirmation
zu einem Leben als bekennender Christ
und hilf mir, dir und der Kirche
treu zu bleiben. Amen.

Partnerschaft und Ehe

Herr, ich danke dir,
denn es gibt einen Menschen,
den ich liebe.

Vater, ich danke dir,
dass du uns füreinander geschaffen hast,
dass wir uns begegnet sind und einander lieben.
Lass die Liebe in uns wachsen,
damit wir uns immer besser verstehen
und uns gegenseitig glücklich machen.
Alle wahre Liebe stammt von dir und führt zu dir.
Du hast unserm Leben durch diese Liebe
einen neuen Inhalt und ein neues Ziel gegeben.
Zeig uns den richtigen Weg zu diesem Ziel
und hilf uns ihn zu gehen.

Nach der Vermählung

Wir haben zueinander Ja gesagt
für immer, Herr,
Ja für Glück und Unglück,
Ja für Gesundheit und Krankheit,
Ja für Erfolg und Misserfolg.
Mein Mann/meine Frau wird bei mir sein,
wenn ich krank sein werde.
Mein Mann/meine Frau
wird immer zu mir stehen,
wenn mich Unglück trifft.
Die Liebe kennt keine Furcht;
sie kann Ja für immer sagen.
Danke, Herr, für diese Liebe,
die bei uns angefangen hat.
Danke, dass du durch das Sakrament der Ehe
bei uns bist in schweren Stunden der Ehe.

Herr, ich danke dir,
dass wir zu zweit unser Leben führen dürfen.
Ich bin nicht allein.
Du gabst mir einen Menschen, der mich liebt,
wie ich bin,
der mit mir leidet, der mich tröstet und aufrichtet,
der sich mit mir freut, der auf mich wartet
und für mich da ist Tag und Nacht.
Herr, ich danke dir für das Gespräch miteinander,
für das immer neue Gespräch.
Ich danke dir, dass wir aufeinander hören können,
dass wir uns korrigieren können,
dass wir einander vertrauen dürfen.
Ich danke dir für die immer neue Liebe,
für das ständige Tragen,
für das gemeinsame Gebet.
Herr, ich danke dir,
dass du uns ein gemeinsames Ziel gegeben hast:
dich selbst.

Dank für eine lange Ehe

Gott und Vater,
die meisten Jahre unseres Lebens
haben wir gemeinsam verbringen können.
Wir danken dir dafür.
Du hast uns manch Schweres zugemutet,
aber auch die Kraft gegeben,
es gemeinsam zu tragen.
Du hast uns aber auch viel Schönes geschenkt.
Du hast uns unsere Kinder großziehen lassen,
mit denen wir auch in ihrer Selbständigkeit
verbunden bleiben.
Behüte sie und uns.
Herr, trotz aller Missverständnisse
im Laufe der Jahre –
wir verstehen und lieben uns;
wohl anders als früher,
aber tief und wahr.
Schenke uns weitere gemeinsame Jahre,
und wenn einer von uns den anderen
in deine Hände zurückgeben muss,
bewahre uns die Hoffnung,
einst in deinem Reiche vereint
dich in Ewigkeit loben zu können.

Schwangerschaft und Geburt

Herr und Gott, wir erwarten unser Kind.
Wir möchten so gern,
dass es ein gesundes und fröhliches Kind wird.
Aber wir wollen es annehmen,
wie du es uns gibst.
Nun bitten wir dich: schenke ihm deine Liebe.
Wir wollen es schützen, so gut wir können,
schon jetzt, da wir es erwarten.
Hilf in der Stunde der Geburt.
Wir wollen unser Kind aufnehmen
in deinem Namen
und ihm den Weg zeigen,
auf dem es dich finden kann.
Schenke ihm ein erfülltes und glückliches Leben
und lass es zum Segen werden für alle,
die ihm begegnen.
Nimm es allzeit in deinen Schutz.

Barmherziger Gott, ich bekomme ein Kind.
Ich habe es nicht gewollt.
Gib mir den Mut, es zur Welt zu bringen.
Mache mich frei von den Sorgen und hilf mir,
dass ich für dieses Kind danken kann. Amen.

Nach der Geburt

Heute morgen wurde es mir in die Arme gelegt,
unser erstgeborenes Kind,
unser Geschenk von dir, Herr.
Darauf haben wir nun neun Monate gewartet,
auf dieses kleine rote Gesicht,
auf diese feinen Hände,
die bis ins kleinste Glied vollkommen sind.
Welch Glücksgefühl erfüllt mich!
Dies ist mein Kind, unser Kind,
ein Teil von mir und von meinem Mann.
Du, Herr, hast kleine Kinder
in deine Arme genommen
und sie gesegnet.
Ich bringe schon heute mein Kind zu dir.
Ich lege es in deine Arme.
Nimm es an und segne mein Kind.
Danke, Herr, dass du es begleiten wirst.
Nun ist es nicht nur mein Kind,
es gehört auch dir.
Das macht mich so froh und zuversichtlich:
Wir gehören zusammen dir!

Guter Gott und Vater, wir danken dir,
dass du uns Mutter und Vater werden ließest.
Mit unserem Kind ist etwas ganz Neues und
Schönes in unser Leben gekommen,
wir sind eine Familie geworden.
Wir können heute nicht übersehen,
was aus unserem kleinen Winzling wird.
Wir wollen ihm all die Liebe und Geborgenheit
schenken,
die es für eine gute Entwicklung benötigt.
Es ist unser Kind und dein Kind.
Du hast es uns anvertraut,
zu dir wollen wir es führen.
Daher lassen wir es taufen und wollen uns bemühen, es so zu erziehen,
dass es dich als den Vater im Himmel lieben lernt.
Herr, behüte unsere Familie
und schenke uns die Kraft,
einander auch in schwierigen Zeiten treu zu sein.

Bei einem behinderten Kind

Lieber Vater im Himmel!
Wir haben uns sehr auf unser Kind gefreut.
Jetzt wissen wir, dass es behindert ist.
Gib uns die Kraft,
unser Kind in Liebe anzunehmen.
Hilf dazu, dass es seine Gaben entfalten kann.
Zeige uns Menschen,
die unser Kind fördern können.
Begleite es mit deiner Güte und Treue
und lass es bei uns Geborgenheit finden. Amen.

Zur Taufe des Kindes

Lebendiger, dreieiniger Gott,
Vater, Sohn und Heiliger Geist!
Auf deinen Befehl und in deinem Namen
haben wir unser Kind zur Taufe gebracht.
Was dabei vor unseren Augen geschieht,
wirkt bescheiden.
Herr, lass uns in der äußeren Unscheinbarkeit
der Taufe deine wunderbare Verheißung
für unser Kind fassen,
dass du sein gnädiger Vater bist.
Denn um Jesu willen hast du es
als dein Kind angenommen.
Du hast uns beauftragt,
unser Kind nicht nur leiblich zu versorgen,
sondern willst, dass es durch uns
zum Glauben an dich finde.
Herr, stärke uns den Glauben,
dass wir an dieser großen Aufgabe nicht
durch Gleichgültigkeit und Trägheit scheitern.
Hilf uns, Helfer und Vorbild zu sein für unser
Kind in der Nachfolge Jesu, unseres Meisters.

Gebet des Taufpaten

Herr, das Patenamt für N. ist mir aufgetragen worden.
Ich habe mich gefreut, schrecke aber gleichzeitig vor dieser Aufgabe zurück.
Bei der Taufe habe ich für mein Patenkind
den Glauben bckannt, die Treue zu dir bezeugt.
Doch wie oft ist mein Glaube schwach,
bin ich kein Vorbild für die Liebe und Treue zu dir.
Herr, ich bitte dich, behüte du mein Patenkind
durch den Lauf seines Lebens,
bewahre es in allen Gefahren,
lass es aufwachsen und reifen in Geborgenheit
und in der notwendigen Freiheit,
lass es an Leib, Seele und Geist stark werden
und führe es zum Glauben an dich,
seinen Schöpfer und Herrn.
Herr, hilf auch mir,
mein Patenamt nicht nur als Ehrenamt,
sondern als Aufgabe wahrzunehmen,
um mein Patenkind nach besten Kräften
auf seinem Weg zu dir zu begleiten. Amen.

LEBEN IN DER FAMILIE

Gott und Vater,
du hast den Frieden in unserer Familie gewahrt
oder uns immer wieder neu geschenkt.
Wir danken dir.
Behüte uns und hilf, uns gegenseitig in Liebe
zu tragen und zu ertragen.
Gib uns den guten Willen zur Versöhnung
nach jedem Streit
und die Kraft zu einer ehrlichen Aussprache
bei Zwistigkeiten.
Schenke uns Verständnis füreinander.
Schütze auch unsere Lieben,
die nicht bei uns sind,
denen wir im Geist und bei allzu seltenen
Begegnungen verbunden sind.
Gib unserer Familie auch die Kraft,
sich nicht denen zu verschließen,
die unsere Nähe und unsere Hilfe brauchen.
Du liebst alle Menschen,
dich wollen wir lieben in unseren Nächsten.
Bleibe bei uns. Amen.

Bitte einer Mutter

Gott, ich bin Mutter und gerne Mutter:
Gib mir immer einen Löffel Geduld,
eine gute Prise Humor,
eine Tüte voller Weisheit,
einen Schlag Lächeln darauf
und so viel Vertrauen in dich,
dass ich auch meinen Kindern damit sage:
das Leben lohnt sich – ich lebe gerne.

Gebet einer berufstätigen Mutter

Lieber Vater, du hast mich reich beschenkt:
ich habe einen Mann und Kinder
und kann trotzdem noch arbeiten gehen.
Aber es ist nicht leicht,
dies alles unter einen Hut zu bringen.
Gib mir die Kraft, diese »Doppelbelastung«,
wie sie von vielen genannt wird,
auch als Doppelgeschenk zu betrachten.

Gebet eines berufstätigen Vaters

Herr, ich sage es mir selber: mein Beruf
ist nicht alles, du hast mir eine Familie gegeben.
Ich weiß es noch genau,
wie ich dich darum gebeten habe.
Ich will mehr an meine Frau und
an meine Kinder denken,
und vor allem will ich mich mehr
mit ihnen und an ihnen freuen.
Beim Ärger des Tages will ich nicht vergessen,
dass ich abends in meine Familie
zurückkehren kann.
Allein zu leben, ohne sie, könnte ich nicht ertragen.
Ich bitte dich, bestärke mich in meiner Absicht,
meiner Frau ein rechter Mann
und meinen Kindern ein rechter Vater zu sein.

Haussegen

Der Segen Gottes komme über dieses Haus
und über alle, die in ihm wohnen!
Die Gnade des Heiligen Geistes heilige alle!

Zum Einzug in die neue Wohnung

Herr, segne unseren neuen Anfang
in diesen ungewohnten Wänden
und der fremden Umgebung.
Hilf, dass wir uns bald zurechtfinden
und hier wirklich zu Hause sind.
Bewahre uns vor Not und Leid
und behüte unser Zusammenleben.
Lass deinen Frieden bei uns wohnen.
Gib uns Freunde und Nachbarn,
denen wir vertrauen können.
Herr, segne uns,
damit wir anderen zum Segen werden.
Amen.

Lieber Gott, heute bin ich unsicher.
Weil wir umgezogen sind,
weiß ich noch nichts von der neuen Stadt/Straße,
der neuen Schule. Da fällt mir Abraham ein.
Er musste sogar in ein fernes Land umziehen.
Aber er hat ganz fest damit gerechnet,
dass du mitgehst, und du hast ihn nicht enttäuscht.
Gib mir auch solchen Mut
und nimm mir die Angst. Amen

Kindergebet

ALTER

In den letzten Berufsjahren

Herr, ich weiß es, ich werde alt
oder bin es schon.
Meine jüngeren Kollegen lächeln über mich:
Opa, geh in die Rente!
Sie sind wendiger als ich,
können sich neuen Gegebenheiten
besser anpassen.
Gib mir Kraft, o Gott,
meine Arbeitsjahre gut zu vollenden,
und lass mich keinen Schaden anrichten.
Zeige mir, wann es für meine Kollegen
und für mich besser ist,
mich zurückzuziehen.
Schenke mir Kraft und Einsicht,
mein demnächst wohl ruhigeres Leben
nach deinem Willen zu gestalten. Amen.

Im Vorruhestand wegen einer Krankheit

O Gott, der Arzt hat mir gesagt,
für mich sei das Berufsleben zu Ende,
ich müsse vorzeitig in den Ruhestand gehen.
Und ich spüre es ja auch: er hat Recht.
Herr, lehre mich, meinen Ruhestand
sinnvoll zu erfüllen,
nach Hektik und Hetze Zeit zu finden,
mein Leben in dir und auf dich hin
neu auszurichten,
mich an der Schönheit deiner Welt zu freuen,
mich meinen Lieben und den Mitmenschen
neu zuzuwenden.
Hilf mir, nicht zu vereinsamen
und lass mich mit Mut
die letzte Strecke meines Lebensweges
hin zu dir gehen. Amen.

Herr, ich spüre, dass ich älter werde;
ich ahne, dass ich sehr bald zu den Alten gehöre.
Du weißt das auch.
Bewahre mich vor allem,
was die Alten so unbeliebt macht.
Behüte mich vor Geschwätzigkeit.
Lass mich nicht meinen,
ich müsse bei jeder Gelegenheit
mich zu allem äußern.
Gib mir die Einsicht,
dass ich zuweilen Unrecht haben kann.
Befreie mich von dem eitlen Verlangen,
jedermanns Angelegenheit
in Ordnung bringen zu wollen.
Halte mich frei davon,
den anderen alle Einzelheiten
meines Alltags aufzudrängen.
Schenke mir Geduld,
wenn andere mir ihre Leiden klagen;
aber versiegle meine Lippen,
wenn ich meine eigenen zunehmenden Schmerzen
und Gebrechen ausbreiten möchte.
Und wenn ich doch darüber spreche,
dann lass es mich so tun,
dass deine Güte dadurch nicht verdunkelt wird.
Mach mich hilfsbereit, aber nicht geschäftig;
fürsorglich, aber nicht herrschsüchtig.
Am Ende aber lass mich nicht einsam sein.

Ich brauche dann ein paar Freunde,
lieber Herr, gute Freunde.
Aber das weißt du auch.

Rückblick

Wie wäre es mir ergangen,
wenn du mich schon vor einigen Jahrzehnten
aus dieser Welt abberufen hättest?
Damals stand ich in der Blüte des Lebens,
im Drang der Geschäfte,
im Sturm der Leidenschaften,
unter der Herrschaft mancher Gewohnheiten.
Du hast mir viele Jahre geschenkt
und damit Zeit gegeben,
Versäumtes nachzuholen,
Verfehltes wieder gutzumachen
und Ungeordnetes zu ordnen.
Dafür danke ich dir alle Tage meines Lebens.

Im Seniorenheim

Gott, nun bin ich wohl bei der letzten Station
meiner Lebensreise angekommen,
im Seniorenheim.
Es soll mein Vorzimmer zu dir werden.
Hilf mir, o Herr, nicht zu verbittern
und mich einzuigeln.
Ich will meiner neuen Umgebung gegenüber
aufgeschlossen sein,
dankbar für alle Hilfe und Fürsorge,
die ich ja benötige,
aber auch das tun, was ich noch kann.
Den anderen Heimbewohnern will ich mich
zuwenden ohne mich aufzudrängen
oder in den Vordergrund zu spielen.
Ich will mich freuen über jeden Besuch meiner
Angehörigen,
ihre Sorgen im Geist und im Gebet mittragen
und ihnen keinesfalls vorwerfen,
mich abgeschoben zu haben.
Sie brauchen ihre Kraft,
ihr eigenes Leben zu gestalten.
Herr, unser Heim steht unter deinem Schutz.
Dir empfehle ich alle, die hier wohnen oder arbeiten.
Sei immer mit uns. Amen.

Gott, ich bin alt. Mein Körper wird krank.
Ich habe Schmerzen. Ich bin verwirrt.
Gott, hilf mir in meinen Schmerzen,
gib mir einen Funken
Klarheit in meiner Verwirrung.
Gott, lass mich weiter »ich« sein.
Auch wenn ich alt werde, unfähig, krank.
Lass mich dennoch Mensch sein, Gott. Danke!

Um Verständnis der Jüngeren

Herr, bin ich weniger wert, nur weil ich alt bin?
Es tut weh, wenn sie mich in herablassender Art
als »altes Muttchen« oder »Opachen« bezeichnen
und mit mir reden wie mit einem Vorschulkind.
Ich zähle mich noch lange nicht zum alten Eisen,
und mein Geist ist noch hellwach.
Vieles verstehe ich heute sogar besser als früher,
und meine Lebenserfahrung ist nicht weniger wert,
als »jung und dynamisch« zu sein.
Hilf meinen Mitmenschen,
mich so zu akzeptieren und zu achten, wie ich bin,
und gib mir Langmut und Humor,
damit ich nicht zu empfindlich werde.
Schenke uns allen mehr Verständnis. Amen.

Für die erwachsenen Kinder

Herr, mit meinen Kindern
kann ich nur noch selten sprechen.
Sie sind erwachsen und leben ihr eigenes Leben.
So lass mich mit dir über sie sprechen,
dich für sie bitten.
Du hast sie mir anvertraut,
ich durfte ihnen auf ihrem Weg ins Leben helfen,
in guten und in schweren Zeiten.
Leider habe ich in ihrer Erziehung
auch manches falsch gemacht,
war ihnen kein rechtes Vorbild.
Ich kann es nicht mehr ungeschehen machen,
das Versäumte nicht nachholen.
So nimm du sie, Herr, bei der Hand.
Führe sie auf den Weg,
auf den ich sie hätte führen sollen.
Erleuchte sie in ihren Entscheidungen
und stärke sie auf ihrem Lebensweg.
Ich danke dir, o Gott, für meine Kinder.
Bleibe bei ihnen und bei mir. Amen.

Für die Enkel

Herr, ich danke dir,
dass du mir die Enkel geschenkt hast.
Sie habe ich ersehnt, und ich war voller Freude,
als sie ganz klein waren.
Nun aber machen sie mir manches Mal Sorgen.
Oft bin ich erschrocken, wenn ich sehe,
wie sie sich benehmen
und was sie alles als selbstverständlich begehren.
Ich habe Angst,
dass sie auf falsche Bahnen geraten.
Mit den Eltern gibt es immer wieder
Zusammenstöße wegen der Erziehung.
Ich weiß, dass sich die Zeiten geändert haben,
aber ist darum alles Altüberkommene falsch?
Herr, bewahre mich vor nutzlosen Klagen
und zermürbender Sorge.
Du hast mir in meinem Leben
in so mancher Not geholfen.
Lass mich immer daran denken
und dann darauf vertrauen,
dass du deine Hand
auch über meine Enkel hältst.

Geburtstag und Namenstag

Herr, ich danke dir für das vergangene Jahr,
für alle vergangenen Jahre meines Lebens.
Du hast mich durch Schwierigkeiten geführt,
hast mich Schönes erleben lassen.
Du hast mich nicht fallen gelassen,
auch wenn ich mich von dir abgewandt habe
und gefallen bin.
Mein neues Lebensjahr, meine Zukunft
liegt wie ein weithin unbekanntes Land vor mir.
Bleibe bei mir mit deiner Liebe
und deinem Schutz,
schenke mir Gesundheit und Kraft,
erleuchte mich durch deinen Heiligen Geist
bei meinen Entscheidungen.
Lass mich den Weg erkennen,
Schritt für Schritt,
den du für mich bestimmt hast.
Dir vertraue ich, hilf mir. Amen.

Ein Lebensjahr ist vergangen,
ich danke dir dafür.
Du hast mich geführt durch alle hellen
und dunklen Stunden,
du bist mir nahe gewesen Tag und Nacht.
Ich bitte dich für das neue Jahr
und den Weg meines Lebens:
Bewahre mich vor allem Unglück,
schütze mich in Gefahren,
erhalte mir Gesundheit und Schaffenskraft.
Dir befehle ich mich,
dir will ich gehören und dienen,
dich will ich loben.
Segne, was ich tue und rede,
damit durch mein Leben deine Liebe leuchte.

Herr, ein neues Lebensjahr liegt vor mir.
Die Ungewissheit in mir ist groß.
Was wird es bringen: Freude oder Leid?
Erfolg oder Scheitern? Freundschaft oder Streit?
Bleibe du in meiner Nähe,
dass ich weder übermütig werde noch verzweifle.

Lieber Gott, heute habe ich Geburtstag.
Ich danke dir, dass ich leben darf,
dass ich Augen zum Sehen
und Ohren zum Hören habe,
dass ich sprechen kann und nachdenken,
dass ich Hände und Füße habe
und dass ich nicht allein bin.
Du hast mir alles gegeben.
Ich danke dir und freue mich. Amen.
Kindergebet

An diesem Tag kam ich zur Welt.
Es war dein Wille, dass ich lebe.
Du bist es, dessen Hand mich hält
und ohne den es mich nicht gäbe.
Ich suchte mich nicht selber aus.
Du gabst mir Körper, Geist und Gaben
und schenktest mir mein Elternhaus
und alles, was wir sonst noch haben.
Nun bin ich (schon) … Jahre alt
und danke dir für deine Liebe.
Bleib du mein Freund, Gott, und mein Halt,
dass ich ein Mensch zu sein mich übe. Amen.
Kindergebet

Zum Namenspatron

Heilige(r) …,
ich trage deinen Namen.
Einst hast du auf Erden gelebt wie ich.
Christus hat dir seinen Weg gezeigt
und du bist ihm begeistert gefolgt,
auch wenn es schwer war.
Du hast Gott und die Menschen geliebt
und ihnen freudig gedient.
Nach deinem Tod hat dich der Herr
aufgenommen in seine Herrlichkeit.
Nun bist du bei ihm im ewigen Glück.
Ich will auch den Weg gehen,
den Christus mir zeigt.
Du kannst mir dabei helfen.
Bitte für mich bei Gott,
dass ich den rechten Weg erkenne,
dass ich ihn begeistert gehe,
dass ich Gott und die Menschen
immer mehr liebe,
dass ich ihnen freudig diene.
Heilige(r) …,
viele andere Menschen sind um mich.
Bitte auch für sie.
Hilf uns, dass wir alle so leben
wie rechte Kinder Gottes.

Dann wird uns Gott in seiner Liebe einmal aufnehmen, und wir werden gemeinsam mit dir und allen Heiligen bei ihm ewig glücklich sein. Amen.

Heilige(r) ...,
bei meiner Taufe haben mir meine Eltern deinen Namen gegeben. So gehören wir zusammen.
Du bist mein Vorbild.
Du hast Gott geliebt,
du bist Christus treu gewesen,
du hast gekämpft und gesiegt
und bist jetzt in der Herrlichkeit.
Du bist mein großer Bruder / meine große Schwester, bereit, mir zu helfen.
Ich bitte dich daher um deine Fürsprache bei Gott.
Bitte für mich, dass ich mit Gottes Gnade
ein guter Christ werde:
andächtig beim Gebet,
fleißig in der Schule,
verträglich mit den Kameraden,
zu Hause hilfsbereit und gehorsam,
ein froher Christ,
der seinem Namen Ehre macht
und immer das große Ziel vor Augen hat,
an dem du schon angelangt bist. Amen.
Kindergebet

Arbeit und Beruf

Gott, du hast die Welt erschaffen
und bist alle Tage weiter in ihr am Werke.
Du lässt mich mitarbeiten
durch alles Kleine und Große,
das ich täglich tun darf.
Berate mich, stärke mich,
gib mir Ideen und Fantasie,
gib mir Ausdauer und Mut,
damit ich dich, meinen Schöpfer,
nicht enttäusche.

Herr, gleich beginnt mein Arbeitstag.
Ich bitte dich um Lust zur Arbeit.
Gib mir Geduld mit den Kollegen.
Lass uns gut zusammenarbeiten!

Herr und Gott, guter Vater im Himmel.
Du hast mich gerufen,
deine große Welt mit allem, was zu ihr gehört,
mitzugestalten durch meine Arbeit.
Ich danke dir für deinen Auftrag,
für die Möglichkeiten und Fähigkeiten,
die du mir gegeben hast.
Hilf mir an jedem Tag, dir in allem zu dienen
durch eine gute Arbeit,
durch meine Hilfsbereitschaft,
durch mein Verstehen,
durch ein gutes Wort.
Durch gute Laune und heiteren Blick,
durch mein Beispiel will ich helfen
Gegensätze auszugleichen,
Misstrauen abzubauen,
den sozialen Frieden zu wahren.
So darf ich beitragen zum Wohl meines Nächsten
und für eine bessere Welt.
Mein Leben soll dich preisen
und alles in dir seine Vollendung finden.

Für die Arbeitskollegen

Herr, du hast mir die Kollegen gegeben,
mit denen ich viele Stunden des Tages verbringe.
Hab Dank für alles, was uns verbindet.
Wir hätten uns nicht als Freunde ausgesucht.
Aber nun gehören wir zusammen
und nehmen teil am Leben des anderen,
an seinen Freuden und Nöten.
Lass uns die Verantwortung erkennen,
die wir dadurch füreinander haben.
Bewahre uns davor,
nur den eigenen Vorteil zu suchen.
Hilf durch alle Spannungen hindurch,
die im täglichen Beisammensein entstehen.

Gib allen Arbeit, nicht zu viel, aber ausreichend,
um das tätige Leben sinnvoll zu erfahren.
Dass unser Geist und unsere Hände
uns näher zueinander bringen,
dass wir miteinander eine Welt bauen,
in der das Leben lebbar wird.

Für alle Universitätsangehörigen

Herr, unser Gott! Wir bitten dich
für alle Hochschulen und Universitäten,
für ihre Lehrer und Studierenden:
Lass auf allen Gebieten des Denkens und Forschens
in Redlichkeit nach der Wahrheit gesucht
und nach der Verantwortung für die Welt
gefragt werden.
Gib, dass das Vorrecht des Studiums uns nicht
von der großen Gemeinschaft scheide,
sondern uns zu selbstlosem Dienst verpflichte.
Stehe den Studierenden bei,
denen die Arbeit zu schwer wird,
die von Angst bedrückt sind,
die Unglück und Einsamkeit ertragen müssen.
Gib uns ein sehendes und helfendes Herz für sie.
und lass uns bei eigenem Erfolg
anderen ein wenig zur Freude und Zuversicht
verhelfen.
Gib uns in persönlichen Konflikten und
Problemen, die Elternhaus und freundschaftliche
Bindung heraufführen können,
Weisheit der Liebe, Geduld der Hoffnung und
Gehorsam des Glaubens – durch Jesus Christus,
dem wir vertrauen und folgen möchten.

Freizeit, Urlaub und Ferien

Ich schaffe es nicht, völlig abzuschalten.
Ich bin so an Lärm und Hast gewöhnt,
dass mich die Stille nervös macht.
Schenke mir den Abstand von meiner Arbeit,
damit ich mich erholen kann.

Herr, du hast uns zur Freude berufen.
Die Arbeit allein kann uns nicht ausfüllen.
Darum gib du uns Sinn für die Freude,
für Fest und Feier,
für Spiel und Erholung,
für Bildung und Kunst,
für das Zusammensein mit Menschen,
die wir lieben,
die uns erwarten,
die unsere Nähe brauchen.
Herr, du hast uns zur Freude berufen;
vollende unsere Freude in dir.

Dank für die Musik

Gott, du hast nicht nur Töne und Geräusche erschaffen,
sondern auch die Musik und ihre Rhythmen.
Schon in der Natur gibt es Musik,
das Rauschen des Windes in den Wäldern,
das Brausen des Meeres am Strand,
den Gesang der Vögel.
Ich mag Musik, o Herr,
ich singe die Lieder
vom Wanderlied bis zum neuesten Hit,
selbst die Lieder in der Kirche,
auch wenn manche so schwülstig oder überfromm sind, dass ich sie nicht unterschreiben möchte.
Ich musiziere gern, allein oder mit anderen,
ganz gleich ob einer die Geige spielt
oder Posaune bläst, trommelt oder einfach pfeift.
Auch der Sound meines Motorrades und der Gang meiner Freundin sind für mich Musik.
Gott, du bist der Erfinder der Musik.
Mit Musik will ich dir danken.

Für den Sport

Gott, ich danke dir
für die Freude an Sport und Spiel.
Ich danke dir für die Kameradschaft
und Freundschaft, die ich dabei erlebe.
Hilf mir, auch im Gegner beim Wettkampf
den Freund zu sehen.
Lass mich im Sieg nicht überheblich werden
und in der Niederlage nicht verzagen.
Alles, was du geschaffen hast, verherrlicht dich,
auch der Leib des Menschen,
den du so wunderbar aus dem Staub der Erde
gemacht hast.
Hilf mir, dich in allem zu verherrlichen,
und gib mir am Ende den Siegespreis,
den du verheißen hast.

Herr, ich danke dir für diese Urlaubsfahrt.
Wie schön ist die Welt, die du geschaffen hast,
wieviel Neues und Interessantes
lernte ich schon kennen.
Öffne mir die Augen und Sinne für alles,
was mir auf dieser Fahrt begegnet,
die schönen Landschaften
und interessanten Städte,
vor allem aber lass mich offen sein
für die Menschen, denen ich begegne,
ihre Gewohnheiten, ihre Gebräuche und
alle Formen religiösen Lebens.
Ich will meine Art zu leben nicht zum Maßstab
machen.
Hilf mir, das Gute bei ihnen zu erkennen und zu
achten.
Denn du, o Herr, hast ja alle Menschen
als Brüder und Schwestern geschaffen.
Amen.

Herr, du Schöpfer der Welt und des Lebens,
jetzt im Sommer sind viele Urlauber unterwegs.
Sie fahren große Strecken mit dem Auto,
der Bahn oder dem Schiff,
fliegen mit dem Flugzeug in andere Erdteile.
Gott, du bist der Herr über die Straßen und
Schienen, über das Wasser und über die Luft.
Bewahre alle Reisenden
vor den Gefahren im Verkehr,
schütze sie vor Unfällen,
lass sie heil ans Ziel gelangen
und auch wieder zurückkommen.
Schenke allen Tage der Erholung und
Entspannung
und lass sie das viele Schöne,
das unsere Erde zu bieten hat,
erfahren.
Lass sie aber auch Zeit finden für sich selbst
und lass sie vor allem dich,
den Grund aller Freude,
wieder neu entdecken. Amen.

Am Ende des Urlaubs

Herr, ich danke dir für die Urlaubstage
und für die freie Zeit, die ich genossen habe.
Ich habe ein Stück deiner Welt kennen gelernt
und konnte Dinge tun,
für die in der Hektik der täglichen Arbeit
nur wenig Zeit bleibt.
Jetzt holt mich der Alltag wieder ein.
Ab morgen gehe ich wieder zur Arbeit.
Gib, dass ich mit neuem Schwung
an meine Aufgaben herangehe
und meinen Kollegen mit Kameradschaft
und Hilfsbereitschaft begegne.
Du hast mich im Urlaub begleitet.
Bleibe auch im Alltag bei mir. Amen.

Zum Ferienbeginn

Endlich Ferien. Das war auch nötig.
Die Schule ist mir zuletzt
auf die Nerven gegangen.
Immer wieder neuen Ärger.
Zuletzt haben wir mit der ganzen Klasse
die Tage gezählt: noch zehn, noch acht, …
Und jetzt ist es soweit. Sechs Wochen lang Ruhe.
Ferien, Zeit zum Ausruhen, zum Schlafen,
für Musik und Feier, für Sport und Ausflüge,
Ferien, Freizeit, freie Zeit für mich.
Danke für die Ferien. Ich freue mich so darauf.
Ich bin glücklich.
Es ist schön, auszuspannen und Ruhe zu haben.
Lass die kommenden Ferien schön werden,
voller Erlebnisse und Spaß.
Und bewahre mich vor jedem Unglück.
Schenke auch denen Freude und Erholung,
die nicht wegfahren können,
die arbeiten müssen oder die krank sind.

Kindergebet

Am Ende der Ferien

Lieber Gott,
die Ferien sind nun vorbei.
Es waren herrliche und wunderschöne Wochen.
Wir hatten viel Zeit füreinander:
meine Eltern für mich und ich für meine Eltern.
Ich konnte vieles tun, was ich schon lange vorhatte.
Heute fängt die Schule wieder an.
Lass mich gleich von Anfang an
eifrig beginnen!
Hilf mir, dass ich im kommenden Schuljahr
eine Menge lerne und verstehe!
Lass mich gut mit meinen Schulkameraden
auskommen.
Gib mir vor allem jeden Tag
Mut und Kraft für meine Arbeit!
Kindergebet

Straßenverkehr und Reise

Fahre nie schneller
als dein Schutzengel fliegen kann!

Allmächtiger Gott,
Herr der Zeit, Schöpfer der Welt!
Wir bitten dich für die vielen,
die unterwegs auf Reisen sind
und die Abwechslung suchen,
um die Last des Alltags zu vergessen,
dass sie sich erholen
und wieder neue Kräfte sammeln
und sich wieder freuen können, dass sie leben.
Wir bitten dich für die,
die von der Unruhe der Zeit getrieben sind,
um etwas zu erleben,
dass sie etwas finden, was sie glücklich macht.
Wir bitten dich für die,
die sich an der Schönheit der Welt
erfreuen wollen,
dass sie das Schöne dankbar erleben.
Wir bitten dich für die Menschen,
denen wir auf Reisen begegnen
und die uns begegnen,
dass wir ihnen offen und frei entgegengehen
und sie menschlich behandeln.

Wir bitten dich für die,
die durch Krankheit und Schwäche
an ihr Zuhause gebunden sind,
lass sie in der Eintönigkeit nicht verbittern.
Herr, du hast uns erschaffen,
wir sind unterwegs zu dir,
führe uns sicher durch Freud und Leid
hin zu dir – in deine Zeit.

Den Weg des Friedens führe uns
der allmächtige und barmherzige Herr.
Sein Engel geleite uns auf dem Weg,
dass wir wohlbehalten heimkehren
in Frieden und Freude.

Bitte um eine gute Reise

Heiliger Erzengel Raphael,
du Schirmherr aller Reisenden,
begleite uns mit deinen Legionen von Engeln
und errette uns vor den Fallstricken
der Mächte der Finsternis.
Beschütze uns auf jeder Fahrt!
Und alle, die uns begegnen.
Heilige Engel Gabriel,
bring dem dreifach-gnadenvollen,
makellosen Herzen eurer Königin
immer den himmlischen Gruß dar
mit allen deinen Engeln und unseren Schutzengeln
und erbitte uns mit ihnen eine gute Fahrt!
Amen.

Auf der Straße

Herr, es gibt viele Straßen,
aber keine, auf der du nicht bist.
An jedem Wegzeichen steht deine Liebe bereit.
Wende dein Angesicht mir zu,
sei mein Gefährte auf meiner Reise.
Hilf mir, dass ich guten Gebrauch mache
von meiner freien Beweglichkeit,
und mach mir klar, was ich verantworte.
Gib, dass ich gewissenhaft
auf die Verkehrszeichen schaue
und nie nachlässig werde,
sondern das Leben achte,
das du mir gegeben hast,
und das meiner Brüder und Schwestern,
das heilig ist.
Dass ich mein Auto nicht zu einem
Rennwagen oder Streitwagen mache,
mich großzutun mit meiner Verwegenheit,
oder um meinen Machttrieb auszulassen.
Dass es schlicht ein Mittel sei
im Dienst meiner Arbeit
oder zur Freude in meinen Mußestunden.
Gewähre mir auch,
dass ich wie der Samariter Hilfe bringe dem,
der sie nötig hat.

Im Berufsverkehr

Himmlischer Vater,
ich bitte dich für alle Menschen,
die mich sicher zur Arbeit
und wieder nach Hause bringen.
Beschütze die Fahrerinnen und Fahrer
von Bussen und Straßenbahnen,
von Taxen und Vorortzügen.
Ich bitte dich für alle Menschen,
die die Straßen sauber halten und instand setzen.
Beschütze sie bei ihrer oft gefährlichen Arbeit
nah am schnell dahinrasenden Verkehr.
Ich bitte dich auch für alle Menschen,
die mir Tag für Tag in Bus und Bahn
gegenübersitzen.
Von den meisten kenne ich nur die Gesichter;
aber du, Herr, kennst ihre Namen.
Schütze sie und mich
auf unserem täglichen Arbeitsweg.
Amen.

Lieber Gott, ich bin noch klein,
und die Gefahren auf der Straße sind groß.
Behüte mich bitte
und lass die schnellen Autofahrer
auf uns Kinder Rücksicht nehmen.
Amen.
Kindergebet

Für junge Radfahrer

Lieber Gott, ich freue mich,
dass ich ein Fahrrad habe
und darauf fahren kann.
Schütze mich bei meinen Fahrten
und hilf mir gut aufzupassen.
Lass bitte auch alle anderen Menschen
auf der Straße aufmerksam sein,
damit kein Unglück geschieht.
Amen.
Kindergebet

Gebete für das Miteinander

Gott, unser Vater,
du hast, als du uns schufst,
einem jeden seine eigenen Gaben zugeteilt,
sodass keiner dem andern gleich ist.
Gib uns Geduld, dass wir einander ertragen;
Langmut, dass wir aufeinander hören.
Lass deine Liebe in uns leuchten,
damit durch unser gemeinsames Streben ein jeder
werde, wie du ihn willst,
und seine Gaben zur Vollendung bringe.

Hilf uns, Herr, dass wir Liebe haben
zu allen Menschen.
Lass uns eines Sinnes sein untereinander,
mit den Fröhlichen uns freuen,
mit den Weinenden weinen.
Gib, dass wir uns nicht über andere erheben,
niemandem Böses mit Bösem vergelten,
sondern einander helfen,
die Last des Lebens zu tragen.
Lass uns auf das Gute bedacht sein
und, soviel an uns liegt,
Frieden halten mit allen Menschen.
Hilf uns, das Böse zu überwinden durch das Gute.

Herr, ich mag die Menschen oft nicht so,
wie sie sind.
doch du liebst sie alle,
die Klugen und die Dummen,
die Sympathischen und die Unsympathischen,
die Fröhlichen und die Traurigen.
Hilf mir, die Menschen zu lieben,
so wie sie sind.

Herr, öffne meine Augen,
dass ich die Not der anderen sehe;
öffne meine Ohren, dass ich ihren Schrei höre;
öffne mein Herz, dass sie nicht
ohne Beistand bleiben.
Gib, dass ich mich nicht weigere,
die Schwachen und Armen zu verteidigen,
weil ich den Zorn
der Starken und der Reichen fürchte.
Zeige mir, wo man Liebe, Glauben
und Hoffnung nötig hat,
und lass mich deren Überbringer sein.
Öffne mir Augen und Ohren,
damit ich für deinen Frieden wirken kann.

Für einen Freund

Herr, unter den vielen Menschen,
mit denen ich lebe,
hast du mir einen zum Freund gegeben.
Hab Dank für alle Gemeinsamkeit
und Übereinstimmung,
an der wir uns freuen.
Lass mich aber auch ernsthaft damit rechnen,
dass mein Freund anders ist als ich.
Bewahre mich davor,
durch Egoismus ihm den eigenen Raum zu schmälern.
Lehre mich erkennen, wie ich ihn begleiten soll,
damit ich nicht Hemmschuh,
sondern Hilfe auf seinem Wege bin.
Herr, du weißt,
dass ich im täglichen Gebet oft vergesse,
für meinen Freund zu beten,
weil er eben selbstverständlich da ist.
Vergib meine Nachlässigkeit und Trägheit;
nimm uns beide an deine Hand,
damit wir nicht fehlgehen.

Für die Freundschaft

Herr des Lebens, hilf mir, ein Freund zu sein,
ein Freund, dem man vertrauen kann,
der den anderen in Schutz nimmt,
wenn man über ihn redet oder ihn kritisiert.
Niemand hat größere Liebe,
als wenn er sein Leben hingibt für seine Freunde.
Ich dagegen bin manchmal nicht einmal fähig,
fünf Minuten für die Menschen übrig zu haben,
die meine Zeit dringend brauchen.
Herr, hilf mir, dass ich beides erkenne:
Freundschaft als Geschenk
und Freundschaft als Verantwortung.

Für einen behinderten Freund

Lieber Gott,
der Martin kann niemals rennen so wie wir.
Auch wenn er erwachsen ist.
Lass ihn einen berühmten Maler werden
oder einen tollen Musiker,
damit er etwas Großes kann,
was wir nicht können.
Kindergebet

Noachs Arche

Wenn du sie damals nicht alle mit
hineingelassen hättest in die Arche,
die bunten und verschiedenartigen Tiere,
um wieviel ärmer wäre deine Menschheit, Herr.
Niemand weiß besser als du,
wieviel wir bis heute gemeinsam haben
mit deinen Tieren.
Hilf mir, mit allen zurechtzukommen:
mit den Meckerziegen und albernen Gänsen,
mit alten Drachen und lahmen Enten,
mit Mistkäfern, Trampeltieren und Windhunden,
mit sturen Böcken und komischen Käuzen,
mit Nachtfaltern und Eintagsfliegen,
mit Leithammeln und folgsamen Schafen,
mit verwöhnten Schoßhündchen und Pechvögeln.
Gib mir Verständnis
für Einsiedlerkrebse und gesellige Pinguine,
für wendige Wiesel und tapsige Bären,
für schlanke Giraffen und fette Masthähnchen,
für giftige Nattern und lustige Spaßvögel,
geduldige Lämmer und wilde Wölfe,
stachelige Igel und anschmiegsame Angorakatzen.
Hilf mir beim Zusammenleben
mit den fleißigen Bienen und faulen Siebenschläfern,
mit häßlichen Raupen und wunderschönen
Schmetterlingen,

mit stolzen Pfauen und unscheinbaren
Kirchenmäusen,
mit starken Löwen und scheuen Rehen,
mit dickfälligen Elefanten und empfindlichen
Schnecken.
Herr, es ist nicht immer ganz einfach,
es in deiner Arche auszuhalten.
Gib mir die nötige Geduld und eine Prise Humor,
sie alle zu ertragen
und jedem Tierchen sein Plaisierchen zu lassen.
Und vor allem: lass mich nicht vergessen, Herr,
dass ich für die anderen
auch ein seltsamer Vogel bin.

Gebet eines Jungen für die Alten

Wie oft gehe ich doch
mit den alten Menschen um,
als wären sie Kinder.
Zu Weihnachten beschenke ich sie,
sonst aber bin ich höchst ungeduldig
über ihre Gebrechlichkeit,
über ihren langsamen Schritt,
ihre Schwerhörigkeit, ihre schmerzenden Glieder.
Sie kommen mir vor wie Helden
mit ihrem Hörrohr und dem Spazierstock,
mit dem Geruch der Tabakspfeife,
gänzlich verloren in den Erinnerungen
an die Vergangenheit.
Dabei sind es Menschen,
die sich für mich eingesetzt haben.
Sie haben für mich gelitten und geweint,
sie haben mich groß gezogen und geliebt.
Wie bringe ich es nur fertig, eine Frau,
die für ihre Umgebung vielleicht mehr getan hat,
als ich mir je vorzustellen vermag,
eine »alberne alte Schachtel« zu nennen?
Und den übelnehmerischen, paffenden Kauz
wie einen schlotternden alten Trottel
zu behandeln?
Herr, vergib mir!

Herr, wir beten zu dir für unsere Eltern,
für unsere Brüder und Schwestern,
für alle, die uns lieben,
für alle, die uns nicht lieben,
für unsere Lehrer und Pfarrer,
für die Kranken,
für die Alten,
für die Kinder, die kein Zuhause haben,
für alle Kinder in der Welt.
Kindergebet

Viele Leute sagen zu mir:
Das darfst du nicht,
das verstehst du noch nicht,
du bist noch ein Kind.
Du musst erst noch wachsen und viel lernen.
Ich kenne auch Erwachsene,
die Kinder unfreundlich behandeln,
ihnen alles verbieten,
sie anschreien und kommandieren.
Lieber Gott, sind wir Kinder
noch keine richtigen Menschen?
Kindergebet

Gebete für schwere Zeiten

IN VERZWEIFLUNG UND ENTTÄUSCHUNG

Herr, das Leben verlangt oft viel von uns.
Sorgen bedrücken unseren Alltag.
Über uns lastet das Dunkel des Todes.
Dennoch erwartest du von uns,
dass wir froh sind.
Herr, gib mir die Kraft des Glaubens,
die von deiner frohen Botschaft ausgeht.
Du kennst die Not meines Lebens,
aber mit dir kann ich
all dieses Bedrückende bestehen.
Die Freude deines Herzens
kam aus der Liebe zum Vater.
Herr, zeige mir den Weg zu deinem Vater.
Ihm möchte ich verbunden bleiben,
so wie du in ihm den Frieden hattest,
den die Welt nicht geben kann.

O Gott, ich bin verzweifelt.
Nichts will mir gelingen,
ich fühle mich so unnütz.
Wie soll das weitergehen?
Hilf mir, vorwärts zu schauen
und nicht über Vergangenes zu klagen.
Hilf mir, zu erkennen, was ich tun kann:
Wer wartet auf ein Zeichen meiner Liebe,
wo ist meine Hilfe gefordert,
wem sollte ich ein aufmunterndes Wort sagen?
Hilf mir, o Herr, zu helfen und Freude zu bereiten,
dann kann vielleicht auch ich wieder
zu einem frohen Menschen werden.

O Gott, ich wollte das nicht,
was da passiert ist,
freilich, ich war unachtsam.
Nun ist der Schaden groß
und ich werde bestraft.
Gott, du weißt, es war keine böse Absicht.
Hilf mir durch die Strafe
und zu einem neuen Anfang.
Kindergebet

O Gott, ich weiß nicht mehr, was ich tun soll.
Keiner versteht mich, keinem mache ich es recht.
Wie soll das nur weitergehen?
Herr, das Leben kann so schön sein,
aber oft ist es auch schlimm.
Ich bin traurig und voller Kummer.
Aber nicht nur ich bin unglücklich,
auch der alte Mann, dessen Frau gestorben ist,
der Motorradfahrer, der die Kurve nicht schaffte
und den der Rettungswagen holte –
ob er überhaupt noch lebt?
Dazu die vielen Menschen, die unter Krieg,
Vertreibung und Hunger leiden,
von denen das Fernsehen berichtet oder nicht.
Auch das Kind, das etwas kaputt gemacht hat
oder eine schlechte Zensur nach Hause bringt.
Zeige uns allen, o Herr,
den Weg aus Kummer und Leid,
lass uns Verständnis finden
und wieder froh werden.
Ich will versuchen,
heute einem Traurigen eine Freude zu bereiten.
Hilf mir dazu. Amen.

Kindergebet

In finanzieller Not

Herr, weil ich dir alles sagen kann,
bringe ich jetzt meine Not vor dich:
Mit meinem Geld komme ich nicht aus.
Vielleicht liegt es an meinem Unvermögen,
richtig einzuteilen.
Vielleicht verplane ich Summen dort,
wo sie vertan sind.
Vielleicht ist es wirklich zu knapp,
um den Pflichten nachzukommen,
die mir auferlegt sind.
Lass mich meine Lage richtig erkennen und
eine gute Einteilung meiner Mittel finden.
Bewahre mich vor Neid, Habgier
und Schielen nach unredlichem Gut.
Löse mich von eigenwilligen Wünschen und
Erwartungen.
Wenn ich auf manches verzichten muss,
dann soll mir das desto größer sein,
was ich an dir selber habe.
Was ich wirklich brauche,
wirst du mir nicht versagen.
Du schenkst uns unser täglich Brot
und alles, was dazu gehört.
Lehre mich, bei einem wirklichen Mangel
zuversichtlich auf deine Durchhilfe zu vertrauen.

GEBETE GEGEN DIE ANGST

Lieber Gott!
Du weißt, was mich bedrückt.
Du siehst meine Angst.
Lass mich nicht allein.
Reich mir deine Hand
und führe mich in dein Licht.

Gott, ich will beten,
aber die Angst setzt sich neben mich
mit einer dunklen Melodie
und zerreißt mir meine Gedanken.
Gott, ich will beten,
aber die Traurigkeit
setzt sich auf mich wie eine Glasglocke
und nimmt mir die Luft zum Atmen.
Gott, ich will beten,
und der Zweifel bohrt sich in mich.
Gott, ich will beten,
doch: der Zweifel ist mein Gebet.

ALLEINSEIN UND EINSAMKEIT

Ich kann es schwer verstehen,
wenn andere sich in der Ehe einsam fühlen.
Herr, ich suche noch den Menschen,
der zu mir passt.
Wenn meine Freunde über ihre Ehe klagen
und die Kinder als Last empfinden,
denke ich: Herr, ich möchte nicht mehr allein sein.
Du lässt uns jeden Tag wieder anfangen.
Du gibst uns stündlich eine neue Chance,
um zu lieben.
Der seidene Faden unseres Glückes
hängt hinfällig an unseren schwachen Fingern
wie eine Frucht.
Lehre uns die Kunst, verliebt zu sein
in das Glück der anderen.

Mein Herr und Gott,
es hat sich für mich so ergeben,
dass ich allein lebe.
Manchmal freue ich mich
zwar über meine Freiheit,
aber oft bedrückt mich das Alleinsein,
und ich frage mich, was mein Leben soll.
Dann lass mich spüren,
dass du mich an einen Platz gestellt, hast
an dem du mich haben willst,
so wie ich bin, mit meinen Gaben und Fähigkeiten,
mit meiner Schwachheit und Unzulänglichkeit,
in meiner Einmaligkeit, die du so
und nicht anders gewollt hast.
Zeig mir, dass mein Alleinsein
nicht Einsamkeit sein muss.
Weil ich frei bin, kann ich vieles tun.
Weil ich allein bin, kann ich vielen etwas bedeuten.
Weil meine Liebe nicht gebunden ist,
kann sie sich vielen zuwenden.
So kann auch mein Leben erfüllt sein,
wenn ich es nur selbst annehme und bejahe.
Dazu hilf mir.

EHEKRISE

Herr, ich höre immer wieder,
zu zweit lebt es sich besser.
Ich spüre aber, dass es oft schwer ist,
miteinander auszukommen.
Wird mir die Ehe zur Last?
Manchmal beneide ich die Ungebundenen.
Hilf uns in den alltäglichen Problemen
und schenke uns Gemeinsamkeit
über das Alltägliche hinaus.

Vater im Himmel, ich hätte nie gedacht,
dass wir einander so wehtun können.
Ich erkenne immer mehr,
wie schwer es ist zu lieben,
und wie schwach wir sind.
Hilf uns, dass wir einander verzeihen können.
Lass uns erkennen, was wir falsch gemacht haben.
Lass uns immer wieder einen Weg finden,
der uns zueinander führt.
Lass unsre Liebe nicht untergehen,
sondern reifer werden.
Hilf uns, Herr.

Ach Herr, wie soll das weitergehen?
Um alles gibt es Streit:
Um die Miete, die Heizung,
die Kinder, den Garten,
das Fernsehen, die Treppenreinigung.
Wir haben kein gutes Wort mehr füreinander.
Wir gehen uns aus dem Wege
und schreiben uns Briefe –
von Flur zu Flur.
Ich weiß, es ist unerträglich.
Die Kinder verlernen das Lachen.
Sie spüren den Hass und die Verachtung
unter den Erwachsenen.
Meine Frau ist verzweifelt.
Und ich kann ihr nicht helfen.
Aber so kann es nicht bleiben.
Wir möchten hier weg,
endlich Ruhe finden und häuslichen Frieden.
Aber wo ist es besser?
Deshalb flehe ich dich an, lieber Herr:
Lass uns nicht bitter werden und ungerecht.
Du hast uns in dieses Haus geschickt,
damit wir versuchen,
versöhnlich zu leben und Frieden zu halten.
Du weißt, wie schwer das ist.
Soll ich denn ständig nachgeben
und alles einstecken?
Wo ist die Grenze?

Gib uns den Mut,
auch die eigene Schuld zu sehen
und unser Versagen einzugestehen.
Gib uns die Kraft zum rechten Wort,
zur versöhnlichen Geste.
Gib uns Geduld füreinander
und befreie uns von dem endgültigen Urteil,
das wir alle übereinander haben.
Gib uns wieder offene Augen füreinander,
Ohren zum Hören aufeinander,
Herzen, in denen der andere wieder Platz hat.
Lass uns erfahren,
dass deine Liebe neues Leben schaffen kann.

SCHEIDUNG

Danke, Herr; für diese Entscheidung.
Nun also wurde unsere Ehe geschieden.
Es ist ja doch nur noch Qual gewesen,
Streit und Hass waren an der Tagesordnung.
Und die Kinder haben gelitten,
entsetzlich gelitten.
Danke, Herr, dass diese Entscheidung gefallen ist,
weil diese Beziehung nur Streit brachte.
Nun gib für alle Betroffenen neues Leben
und eine sichtbare Zukunft.
Gib, dass die Kinder in ihren Gedanken Gutes bewahren.
Lass den neuen Anfang gelingen. Amen.

ARBEITSLOSIGKEIT

Herr Gott, lieber Vater!
Zu dir rufe ich in der Not meiner Untätigkeit.
Andere arbeiten, ich stehe abseits.
Ich kann meine Familie nicht erhalten.
Siehst du nicht, wie ich darunter leide?
Wie lange willst du mich denn noch warten lassen?
Du Herrscher im Himmel und auf Erden,
erbarme dich und wende meine Not.
Lass mich doch erkennen,
was du mir durch diese Zeit der Arbeitslosigkeit
sagen willst.
Gib auch mir wieder eine Arbeit
nach deinem Willen, denn du vermagst alles.

KRANKHEIT

Vater, es fällt mir schwer, zu sagen:
»Dein Wille geschehe«.
Ich bin niedergeschlagen
und habe keinen Mut mehr.
Die Schmerzen sind unerträglich.
Alles, was mein Leben ausgemacht hat,
scheint mir weit weg:
die Menschen, die zu mir gehören,
meine Arbeit, meine Freuden,
mein ganz alltägliches Tun.
Auch wenn ich mutlos bin, Herr, ich will versuchen,
Ja zu sagen zu dem, was ist:
zu meinen Schmerzen, zu meiner Schwäche,
zu meiner Hilflosigkeit.
Ich will alles ertragen, so gut es geht.
Lass mein Leiden nicht umsonst sein.
Vielleicht nützt es denen,
die für dich arbeiten und kämpfen.
Dein Wille geschehe.
Segne mich, Vater. Segne alle Menschen,
die mir Gutes tun und mir helfen.
Segne alle, die wie ich leiden müssen.
Und wenn du willst, lass mich und die anderen
gesund werden.

Vor einer Operation

O Gott, ich habe Angst. Ich werde operiert.
Wie wird die Operation ausgehen?
Werde ich sie überstehen, wird sie mir helfen?
Gott, du bist meine Hoffnung.
Halte mich fest, wenn ich in der Narkose liege,
und erhalte mich.
Steh mir bei und auch dem Arzt.
Gott, ich bin in deiner Hand.
Halte mich! Amen.

Bei einer sehr schweren Krankheit

Plötzlich liege ich da, hilflos,
und habe doch noch so viele Pläne und Aufgaben.
Meine Kinder sind noch klein, sie brauchen mich,
die Arbeit wartet auf mich
und: ich habe noch manches gutzumachen.
O Gott, lass meinen Weg noch nicht zu Ende sein.
Lass mich noch einmal gesund werden
und dir danken. Amen.

Gebet eines Behinderten

Herr, ich bin querschnittgelähmt.
Ich wünsche mir oft,
aufzustehen aus meinem Rollstuhl,
auf niemand mehr angewiesen zu sein.
Es bedrückt mich jedes Mal,
einem andern danken zu müssen,
wenn ich ein Stück weitergekommen bin.
Es fallt mir schwer, zu begreifen,
dass du das so willst
und dass es gut sein könnte,
andere zur Hilfe herauszufordern.
Ich bitte dich darum,
dass ich statt Mitleid und Bedauern
mehr Verständnis und Achtung erlebe,
dass andere mich nicht als Opfer sehen,
sondern als Mensch ernst nehmen.

Ich bin krank und habe Fieber,
lieg im Bett, mir gehts nicht gut.
Kopfweh, Übelkeit und Husten -
wer weiß, was sich sonst noch tut.
Doch das eine darf ich wissen:
Du, mein Heiland, bist bei mir,
auch die Eltern (Schwestern),
die mich pflegen.
Das ist gut. Ich danke dir.
Amen.
Kindergebet

Lieber Gott,
ich bin krank und liege im Bett.
Gib, dass es nichts Schlimmes ist
und ich bald wieder gesund werde.
Ich danke dir, dass meine Mutter für mich sorgt.
Wie gut, dass es Medizin gibt, die hilft.
Ich bitte dich, behüte alle kranken Kinder,
zu Hause und im Krankenhaus.
Hilf ihnen, dass sie gesund werden.
Kindergebet

Für die kranke Mutter

Herr, unsere Mutter ist immer noch krank.
Du weißt, wie sehr wir sie entbehren.
Wir flehen zu dir: Gib sie uns bald gesund zurück.
Vergib uns,
wo wir ihre Mutterliebe
gedankenlos hinnahmen
oder ihr gar widerstrebten.
Schaffe uns Hilfe, unser Familienleben
in der Zwischenzeit zu bewältigen.
Schließe uns durch diese Sorge
als Familie fester zusammen.
Herr, wir warten auf deine Hilfe
und vertrauen dir.
Kindergebet

Nach einer Krankheit

Es geht mir besser.
Heute darf ich aufstehen.
Ich danke dir, Gott. Ich danke dir von Herzen.
Du hast mir geholfen und die Krankheit vertrieben.
Ich weiß jetzt wieder, wie schön es ist,
gesund zu sein.
Kindergebet

Sterben

Dankgebet

O Herr, heute bin ich mit knapper Not
dem Tod entgangen.
Ich danke dir, dass du mich
im letzten Augenblick zurückgerissen hast.
Was wäre aus mir geworden,
wenn ich jetzt vor deinem Angesicht stünde?
Erhöre mich, wenn ich zu dir rufe:
Lass mich nicht versinken
in des bittern Todes Not.
Lass mich nicht verzagen
vor der tiefen Hölle Glut.
Lass mich nicht entfallen
von des rechten Glaubens Trost.
Erbarm dich meiner!

Herr, ich weiß, dass du mich liebst,
dass mein Sterben genauso in deinen Händen liegt
wie mein Leben.
Ich will glauben, dass alles, so wie es kommt,
in deine Liebe eingeschlossen ist.
So wie du es fügst, wird es gut sein für mich.
Hilf mir, deinen Willen zu verstehen
und anzunehmen.
Hilf mir, täglich bereit zu sein,
wenn du mich rufst.
Lass mich versöhnt mit dir sterben
in der Hoffnung, dass du mir alles
zum Guten wendest. –
Herr, dein Wille geschehe.

Für das eigene Kind

Gott, unser Kind ist krank. Es liegt im Sterben.
Wir sind sehr traurig. Es gehört zu uns.
Großer Gott, nimm du unser Kind auf,
wenn es von uns gehen muss.
Vergiss es nicht und hab es lieb,
wie du uns alle immer liebgehabt hast.

Herr, keine Stunde meines Lebens
ist so gewiss wie die meines Todes.
Aber auch keine Stunde ist so ungewiss.
Ich weiß nicht, wann,
ich weiß nicht, wie,
ich weiß nicht, wo sie mich treffen wird.
Nur das eine weiß ich,
dass sie mir Angst und Schrecken
einjagen wird.
Darum, Herr, bitte ich dich schon jetzt,
verlass du mich nicht in dieser Stunde,
in deine Hände lege ich
mein Leben und Sterben.

TOD

Herr, gib unseren Toten die ewige Ruhe,
und das ewige Licht leuchte ihnen.
Herr, lass sie ruhen im Frieden! Amen.

Gott, schenk deine Herrlichkeit, deine Zukunft
und deine Treue den Verstorbenen.
Wir können nicht glauben,
dass ihr Leben umsonst vorbeiging und alles,
was sie für Menschen bedeutet haben,
nun verloren sein soll.
Vielmehr vereinigen wir uns mit dem Glauben,
in dem sie selbst festgehalten haben an dir
bis zum Ende,
an dir, ihrem Gott und unserem Gott,
der für uns lebt
heute und alle Tage bis in Ewigkeit.

Tod des Ehepartners

Lieber Herr,
heute habe ich meinen Ehegefährten
zur letzten Ruhe geleitet.
Nun ist der Todeskampf überstanden
und das Ziel erreicht.
Du weißt, wie schwer mein Herz
über diese unwiderrufliche Trennung ist.
Ich fürchte mich vor der leeren Wohnung,
vor der Stille der Abende und Nächte,
vor dem Erwachen in einen neuen, einsamen Tag.
Da sind auch viele anklagende Stimmen:
die Erinnerung an harte Worte, versäumte Liebe.
Herr, wie soll ich fertig werden mit Einsamkeit,
Erinnerung, Anklage?
Dir, Herr, darf ich dies jetzt
und immer wieder sagen.
Hab Dank, dass ich bei dir Vergebung finde;
du bist ja für uns beide der Sünderheiland.
Ich danke dir für die schönen Erinnerungen,
für alle gegenseitige Liebe, für Freude und Leid,
durch die du uns hindurchgeführt hast.
Dir darf ich vertrauen.
Du wirst auch mich ans Ziel bringen.

Für den verstorbenen Ehepartner

Vater, du hast meinen Mann / meine Frau
zu dir genommen.
Wir sind ein Stück unsres Lebens miteinander gegangen.
Wir haben vieles miteinander geteilt,
Freud und Leid, frohe und schwere Stunden.
Es war schön, wenn es auch nicht immer leicht war.
Dafür danke ich dir.
Nun hat mein Mann / meine Frau
zuerst das Ziel erreicht.
Ich bleibe allein zurück.
Lohne ihm / ihr alle Liebe und Treue
mit ewiger Freude;
mir aber gib Kraft zu sagen: dein Wille geschehe,
auch wenn dein Weg unbegreiflich ist.
Und lass uns im Himmel mit dir vereint sein.
Maria, Trösterin der Betrübten, bitte für uns.

Tod des eigenen Kindes

Vater im Himmel, wir brauchen Trost;
darum kommen wir
am Ende dieses schweren Tages zu dir.
Wir haben unser Kind auf dem Friedhof
zurücklassen müssen.
Unser Herz sehnt sich und sucht nach ihm
und möchte es zurückholen.
Wir hören noch seine Stimme, seine Schritte
und können die endgültige Trennung
nicht begreifen.
Stille das quälende Fragen durch die Gewissheit:
Unser Kind lebt nun bei dir.
Schenke uns den Glauben,
dass du auch für unser Kind
den Tod überwunden hast,
damit es in deiner Liebe geborgen sei.
Hab Dank, lieber Vater, dass du uns dieses Kind
für die kurze Erdenzeit anvertraut hast.
Dank sei dir für alle Liebe, die wir ihm geben konnten, für alle Freude, die wir täglich an ihm hatten.
Wir vertrauen dir, dass du an unserem Kind
vollenden wirst, was wir versäumten
und was unvollendet blieb.
Hab Dank, dass du es ans Ziel gebracht hast.

Für die Opfer von Unfällen und Katastrophen

Gott des Lebens, viele Menschen ereilt der Tod
plötzlich und gewaltsam.
Ihre letzten Augenblicke sind oft erfüllt
von lähmender Angst
und unsäglichen Schmerzen.
Wir bitten dich für die Toten der Kriege,
für alle Opfer der Gewalt,
für die Opfer der Naturkatastrophen
und der Unfälle:
steh du ihnen bei
und führe sie in das Land des Lichtes
und des Friedens.
Ergänze in deiner Liebe, was ihnen fehlt,
damit sie dich schauen können
von Angesicht zu Angesicht.
Denn du bist ein Gott der Lebenden,
nicht der Toten.

Ich habe einen Toten gesehen.
Ich wollte mit ihm sprechen,
aber er konnte nicht.
Sprich du mit ihm,
damit er nicht so allein ist.
Kindergebet

Beim Tod der Großmutter

Gott, unsere Oma ist gestorben.
Du weißt, dass wir traurig sind
und geweint haben.
Tröste uns, denn Oma fehlt uns.
Wir haben sie so lieb gehabt.
Hilf uns, froh darüber zu werden,
dass sie nun keine Schmerzen mehr leiden muss,
dass sie bei dir ist und nie mehr traurig sein wird.
Hab Dank, dass wir eine so liebe Oma hatten.
Kindergebet

Schuld und Vergebung

Vergib uns, Herr, unsere Schuld.
Verzeih, wenn wir mit den Händen schlagen,
statt zu helfen;
wenn wir mit Worten verletzen,
statt zu trösten;
wenn wir den Verstand anstrengen,
um den anderen zu ärgern,
statt ihm Freude zu machen;
wenn wir den anderen auslachen
und ihn dadurch entmutigen,
statt ihm Mut zu machen.
Herr, so werden wir schuldig vor dir
und den anderen.
Vergib uns unsere Schuld.

Herr, du kennst mich.
Ich bin weder ganz gut noch ganz schlecht,
weder gottlos noch gerecht.
Bei mir folgt auf das Vergehen die Buße
und auf die Vergebung wieder die Sünde.
Das ist nicht gut.
Herr, ich hoffe auf dein Heil,
obwohl ich dir nicht treu gedient habe.
An einem einzigen Tag ändere ich mich tausendmal,
wie ein Rad drehe ich mich unzählige Male.
Mit meinem Weizen ist Unkraut vermischt,
und der gute Samen wächst
unter den Dornen auf dem Acker deines Knechtes.
Sei barmherzig, Herr, mit meinem Wankelmut.
Geh nicht ins Gericht mit meiner Unbeständigkeit.
Du, der ewig Beständige, der sich nicht wandelt,
du bist mir Anfang, Ende und Mitte.

Vor dem Beichtgespräch

Herr, ich komme zu dir mit meinen Sünden
und meiner Reue.
Du hast nach deiner Auferstehung
den Aposteln gesagt:
»Wie mich der Vater gesandt hat,
so sende ich euch.
Welchen ihr die Sünden nachlassen werdet,
denen sind sie nachgelassen,
und welchen ihr sie behalten werdet,
denen sind sie behalten.«
Daher will ich dem von dir Bevollmächtigten
meine Sünden bekennen,
damit er mir deine Barmherzigkeit
und Vergebung zusprechen kann.
Herr, ich bereue meine Sünden von Herzen.
Ich habe nicht nur Menschen Unrecht getan,
ich habe dir, der mich am Kreuz erlöst hat,
Schmerzen zugefügt,
deine Liebe zurückgestoßen.
O Herr, selbst am Kreuz
hast du deinen Mördern verziehen
und für sie gebetet: »Vater, verzeih ihnen,
sie wissen nicht, was sie tun.«
In dieser Liebe verzeihe auch mir, wenn ich mich
jetzt deinem barmherzigen Gericht stelle.

Zur Beichte

Ich will mich aufmachen
und zu dir, Vater, zurückkehren.
Gib mir die Kraft,
dass ich meine Leidenschaften
durch entgegengesetzte Werke bekämpfe.
Gib, dass ich meinen Stolz besiege
durch Übung der Demut.
Wachen will ich und beten,
damit ich nicht wieder in Versuchung falle.
Mit Christus will ich zu dir auferstehen.

Nach der Beichte

O Herr, nun gehe ich in Frieden,
denn du hast mich von der Sünde befreit.
Du bist der Gute Hirte, der das verlorene Schaf
auf seine Schulter genommen hat;
gib, dass ich immer deine Stimme höre.
Du bist der große Arzt des Kranken;
gib, dass ich in der Buße völlig genese.
Du bist der himmlische Gärtner,
du hast den Baum des Bösen in mir gefällt;
gib, dass ich die Wurzeln des Bösen tilge
durch den täglichen Dienst
in der Erfüllung deiner Gebote.
Lass mich mein Wort halten und dir treu sein,
damit ich am Ende sagen kann:
O selige Schuld,
die einen so großen Erlöser gefunden hat. Amen.

Gott, ich danke dir, dass du mich liebst
und mir die Sünden vergeben hast.
Du hilfst mir, gut zu sein.
Lass mich durch deine Liebe besser werden.
Lass mich gut sein zu den Menschen.
Gib mir die Kraft,
in Gemeinschaft mit dir zu leben,
anderen zu helfen
und ihnen Freude zu machen.
Dazu gib mir deinen Segen.
Kindergebet

Lieber Gott,
gern würde ich es ja zugeben,
wenn ich etwas ausgefressen habe,
aber ich traue mich nicht.
Mit schlechtem Gewissen mache ich
manches Böse mit meinen Kameraden mit.
Ich fürchte, ausgelacht zu werden,
wenn ich Nein sage.
Ich weiß oft das Richtige,
aber tue aus Feigheit das Falsche.
Gib mir doch mehr Mut, o Gott!
Kindergebet

Gebete für die Welt

UM FRIEDEN

Herr, unsere Erde ist nur ein kleines Gestirn im großen Weltall.
An uns liegt es, daraus einen Planeten zu machen,
dessen Geschöpfe nicht von Kriegen gepeinigt werden,
nicht von Hunger und Furcht gequält,
nicht zerrissen in sinnlose Trennung nach Rasse,
Hautfarbe oder Weltanschauung.
Gib uns den Mut und die Voraussicht,
schon heute mit diesem Werk zu beginnen,
damit unsere Kinder und Kindeskinder
einst mit Stolz den Namen Mensch tragen.
Gebet der Vereinten Nationen

Herr, Gott des Friedens,
du hast die Menschen geschaffen.
Sie sind das Werk deiner Güte,
bestimmt zur Teilnahme an deiner Herrlichkeit.
Wir preisen dich und sagen dir Dank!
Du hast uns Jesus gesandt,
deinen vielgeliebten Sohn.
Im Geheimnis des Osterfestes hast du ihn bestellt

zum Vollbringer des Heiles,
der Quelle allen Friedens,
zum Band, das alle in Brüderlichkeit verbindet.
Wir sagen dir auch Dank für alle Sehnsucht,
alles Bemühen, alles Tun, das dein Geist
des Friedens in unserer Zeit entflammt,
um den Hass durch die Liebe zu überwinden,
das Misstrauen durch das Verstehen,
die Gleichgültigkeit durch die brüderliche
Verbundenheit.
Öffne noch mehr unsern Geist und unser Herz
für alle unsere Brüder, die jetzt die Liebe brauchen,
auf dass wir immer mehr zu
Vollbringern des Friedens werden.
Gedenke, Vater der Barmherzigkeit,
in der Geburtsstunde einer Welt wachsender
Brüderlichkeit all derer,
die in Not sind, die leiden und sterben,
damit auf alle Menschen aller Rassen
und Sprachen dein Reich der Gerechtigkeit,
des Friedens und der Liebe herabkomme!
Auf dass die Erde gefüllt sei
von deiner Herrlichkeit! Amen.

Papst Paul VI., gebetet am 1. Januar 1968 an dem von ihm eingeführten »Tag des Friedens«

GEGEN NOT UND UNGERECHTIGKEIT

Lass das Böse geringer werden
und das Gute um so kräftiger sein.
Lass die Traurigkeit schwinden
und Freude um sich greifen.
Lass uns annehmen und geben können
und einander behilflich sein.
Lass die Missverständnisse aufhören
und die Enttäuschten Mut gewinnen.
Lass die Kranken Trost finden
und die Sterbenden deine Erbarmung.
Lass uns wohnen können auf Erden
und die Ernten gerecht verteilen.
Lass Frieden unter den Menschen sein,
Frieden im Herzen rund um die Erde.

Herr, unser Gott,
die Welt ist voll Elend und Not,
voll Unrecht und Gewalt –
in unserer Umgebung
und dort, wohin unsere Augen nicht schauen.
Wir wissen es und wollen es doch nicht wahrhaben.
Wir sind bereit zu helfen,

aber nur mit halbem Herzen.
Wir geben uns damit zufrieden,
dass wir selbst unser Auskommen haben.
Der Gedanke an die Menschen, die hungern,
die vom Unrecht bedrückt sind,
die unter Gewalt und Krieg leiden,
stört unsere Ruhe.
Wir bitten dich, Gott:
Schärfe unser Gewissen,
öffne unsere Augen, dass wir sehen,
wo unsere Hilfe gebraucht wird.
Mache uns bereit zum offenen Wort,
zur entschlossenen Tat, zum wirklichen Opfer.
Stärke uns, wenn wir müde sind und verzweifeln.
Hilf uns barmherzig zu sein,
weil wir aus deiner Barmherzigkeit leben.

O Gott, viel Schlimmes
geschieht auf der Welt:
Ungerechtigkeit, Hass und Krieg,
Hunger, Unfälle und Katastrophen.
Gott, du willst das Schlimme nicht.
Zeige uns, was wir dagegen tun können,
damit die Welt so gut wird,
wie du sie dir gedacht hast.
Kindergebet

FÜR SCHÖPFUNG UND UMWELT

Vor uns die Stunde der Rechenschaft,
der Tag, an dem wir unser Tun und Lassen
zu verantworten haben.
Gott, hilf uns,
dass wir die Zeit nutzen, die uns noch bleibt,
dass wir die Prüfungen bestehen,
die auf uns warten.
Du hast uns Macht gegeben
über die Güter und Kräfte der Welt.
Wir bitten dich:
Schütze uns vor Hochmut und Leichtsinn,
damit wir nicht alles zerstören,
sondern erhalten und entwickeln,
was du uns anvertraut hast.
Mache uns zu guten Haushaltern
in deiner Schöpfung.

Lebendiger Gott,
die ganze Schöpfung offenbart deine Größe:
die Berge und Seen, das Meer und die Kontinente,
Wind und Wolken, Regen und Sonne,
der Mond und die unzähligen Sterne,
die Pflanzen, die Blumen und der Wald,
die Tiere aller Art, besonders aber der Mensch –
dein Ebenbild.
Ich bete dich an, Herr der sichtbaren
und der unsichtbaren Welt.
Für alle, die mir nahestehen, bitte ich dich:
Lehre uns deine Weisheit entdecken
im Werk deiner Hände.

Hilf uns Menschen des technischen Zeitalters zu erkennen,
dass die Pflanzen, die Tiere und die Menschen
deine Geschöpfe sind.
Wecke neue Verantwortung
dem Geschaffenen gegenüber.
Erhalte uns die Wälder, das Wasser und die Luft.
Deine reichen Gaben lehre uns so zu gebrauchen,
dass kein Mensch mehr Hunger haben muss.
Wehre allem, was zu einem Atomkrieg treibt.
Gib, dass unser Geschlecht das Denken lerne.

Herr unser Gott,
du hast uns Menschen große Fähigkeiten
anvertraut.
Du gabst uns den Verstand,
die Natur zu erforschen und sinnvoll zu gestalten.
Lehre uns, deine Gaben in der Verantwortung
vor dir und zum Wohl der Menschen
zu gebrauchen.
Lass uns erkennen,
dass wissenschaftliche Redlichkeit
den Glauben an dich nicht ausschließt.
Erwecke uns vielmehr durch solchen Glauben
zu vermehrter Sorgfalt, zu tieferer Ehrfurcht
und zu größerer Bescheidenheit.
Wir bitten dich für alle, die in der Forschung wirken:
Lass sie immer darauf bedacht sein,
mit dem Menschen, der dein Geschöpf ist,
sorgsam umzugehen.
Wehre der Vermessenheit, die Kräfte der Erde,
vor allem ihre nuklearen Energien,
im Dienst der Gewaltanwendung
oder gar der Vernichtung des Lebens
zu missbrauchen.
Zeige uns vielmehr, wie wir sie friedlich:
zur Förderung des Lebens, zur Sättigung der Völker
und zur Bekämpfung der Seuchen, nützen können.
Wir bitten dich für alle,

die unterrichten und ausbilden:
Gib ihnen Verständnis und Geduld für ihre Schüler,
Studenten und Praktikanten.
Schenke ihnen Kollegialität im Mitarbeiterkreis,
Weisheit zu rechtem Urteil,
Initiative, wo durchgreifende Hilfe geboten ist,
Freimut zu aller geistigen Auseinandersetzung.
Nimm die Vernunft
und alle Kräfte des Verstandes in Zucht
und wirke Einsicht in der Furcht des Herrn,
die aller Weisheit Anfang ist.

Deine Hände, lieber Gott,
hältst du über unser Leben.
Du gibst Wasser, gibst uns Brot,
und du willst uns Frieden geben.
Herr, wir haben Gut und Geld,
lassen dabei viel verderben,
während in der weiten Welt
Menschen noch vor Hunger sterben.
Ach, vergib uns unsre Schuld,
mach uns wach, Herr, dass wir teilen
und mit Liebe und Geduld
den entstandenen Schaden heilen.
Amen.
Kindergebet

Uns anvertraut

Großer Gott, gib uns ein verständiges Herz:
damit wir von deiner Schöpfung
nicht mehr nehmen, als wir geben,
damit wir nicht willkürlich zerstören
nur um unserer Habgier willen,
damit wir uns nicht weigern,
ihre Schönheit mit unseren Händen
zu erneuern,
damit wir niemals von der Erde nehmen,
was wir nicht wirklich brauchen.
Großer Gott,
gib uns Herzen, die verstehen:
dass wir Verwirrung stiften,
wenn wir die Musik der Erde stören;
dass wir blind für ihre Schönheit werden,
wenn wir ihr Angesicht verunstalten,
dass wir ein Haus voll Gestank haben,
wenn wir gefühllos ihren Wohlgeruch
verderben.
Ja, Herr, wenn wir sorgsam mit der Erde
umgehen, sorgt sie für uns.
Indianisches Gebet

Zu dir, zu dir ruft Mensch und Tier.
Der Vogel dir singt,
das Fischlein dir springt,
die Biene dir summt,
der Käfer dir brummt,
auch pfeifet dir das Mäuslein klein.
Herr Gott, du sollst gelobet sein.
Kindergebet von Clemens Brentano (1778–1842), Lyriker

Lieber Gott,
du hast die Welt gut und schön erschaffen,
doch die Menschen machen sie kaputt.
Sie verschmutzen die Flüsse,
verpesten die Luft,
verseuchen den Boden.
Schon viele Tiere und Pflanzen
sind deshalb ausgestorben.
Bitte hilf uns, deine schöne Erde
wieder heil zu machen. Amen.
Kindergebet

Herr, unser Gott,
du hast uns Menschen mit einem suchenden
und forschenden Geist begabt,
du hast uns geboten:
Macht euch die Erde untertan.
Wir bitten dich, schärfe die Gewissen derer,
die in den wissenschaftlichen Zentren
arbeiten und planen,
dass sie verantwortlich denken und handeln
und dabei die Würde des Menschen
und der Natur vor Augen haben.
Herr, hilf uns, dass wir die Technik
beherrschen lernen
und zu unserem Wohle einsetzen.
Mach uns wach für die Gefahr,
die unserem Menschsein droht
durch gewissenlose Forschung und Geldgier.
Amen.

Im Informationszeitalter

Herr, Information und Unterhaltung
wird mir täglich angeboten:
durch Zeitung, Rundfunk oder Fernsehen.
Vieles erfahre und erlebe ich dadurch,
was ohne diese nicht möglich wäre.
Aber das Angebot ist so groß,
dass ich oft in Gefahr bin,
mich wahllos berieseln zu lassen
oder meine Pflicht, mich zu informieren,
ganz zu vergessen.
Ich bitte dich,
gib mir die Gabe der Unterscheidung,
damit ich erkenne,
was mir hilft und mein Blickfeld erweitert,
was mich zum eigenen Nachdenken anregt.
Lass mich nicht zum kritiklosen Konsumenten
werden.
Herr, bewahre mich vor geistiger Trägheit.

Gebet eines Wissenschaftlers

Herr, du hast uns aufgetragen,
uns die Erde untertan zu machen
und deine Schöpfung zu vollenden.
Hilf mir, Herr,
mein Schaffen im Dienst der Wissenschaft
und des technischen Fortschritts
mit christlichem Geist zu durchdringen,
damit es dem Wohl der Menschheit diene.
Gib mir ein waches Bewusstsein
von meiner Verantwortung
für den Dienst am Menschen,
für seinen Schutz
und für bessere Lebensbedingungen,
damit allen Menschen ein Leben
in Würde und Freiheit möglich wird.

Für die Wissenschaft

Raketen können auf dem Mond landen,
Roboter menschliche Arbeitskraft ersetzen,
Fernrohre in riesige Weiten vordringen,
Computer komplizierteste Maschinen steuern,
Mikroskope kleinste Teilchen sichtbar machen.
Aber
ein Gänseblümchen herstellen,
das Lachen eines Kindes erzwingen,
den Ausgang eines Fußballspiels vorhersagen,
Ursprung und Ziel des Weltalls bestimmen,
das kann die Wissenschaft nicht.
Ich danke dir, Gott, dass es die Wissenschaft gibt.
Und ich danke dir auch, dass sie nicht alles kann.

Gebete großer Persönlichkeiten

Gebet eines unbekannten Soldaten

Gestern Abend sah ich aus einem Granatloch
dein Himmelsgewölbe.
Ich schloss daraus, dass man mich angelogen hat.
Hätte ich mir Zeit genommen,
um deine Werke anzusehen,
wäre ich von selbst darauf gekommen,
dass man mir einen Bären aufband.
Ich möchte wissen, o Gott,
ob du mir deine Hand reichen würdest.
Ein Gefühl sagt mir, dass du mich verstehst.
Sonderbar, ich musste
an diesen höllischen Ort kommen,
bevor ich Zeit hatte, dein Angesicht zu sehen.
Wohl, ich denke, da ist nicht mehr viel zu sagen.
Aber ich bin froh, dass ich dich heute traf.
Ich glaube, die Stunde des Angriffs
wird bald schlagen.
Aber ich habe keine Angst, seit ich weiß,
dass du mir nahe bist.
Ich höre das Signal. Wohl, o Gott, ich habe zu gehen.
Ich habe dich gern, das sollst du wissen.
Sieh, es wird einen harten Kampf geben.
Wer weiß, vielleicht komme ich
zu deiner Wohnung diese Nacht.
Obgleich ich früher nicht sehr freundlich zu dir war,
mache ich mir doch Gedanken,

ob du mich an deiner Tür erwartest.
Sieh, ich weine, ich vergieße Tränen!
Wohl, ich habe jetzt zu gehen, Gott,
auf Wiedersehen.
Sonderbar, seit ich dich traf, habe ich keine Angst,
zu dir zu kommen.

Das Gebet wurde 1945 bei einem in Italien gefallenen Amerikaner gefunden. Als Verfasser wird auch Francis Angermayer angegeben.

Alkuin

Jesus, Sohn Davids, erbarme dich meiner.
Erleuchte du meine Augen,
dass ich den Weg zu dir finde.
Mach du meine Schritte fest,
dass ich vom Weg nicht abirre.
Öffne du meinen Mund, dass ich von dir spreche.
Du willst, dass ich meine Mitmenschen liebe.
Lass mich ihnen so dienen, dass sie ihr Heil finden
und in deine Herrlichkeit gelangen.

Alkuin (um 730–804), angelsächsisch-fränkischer Gelehrter, Dichter und Theologe

Atme in mir, du Heiliger Geist,
dass ich Heiliges denke.
Treibe mich, du Heiliger Geist,
dass ich Heiliges tue.
Locke mich, du Heiliger Geist,
dass ich Heiliges liebe.
Stärke mich, du Heiliger Geist,
dass ich Heiliges hüte.
Hüte mich, du Heiliger Geist,
dass ich das Heilige nimmer verliere.

dem hl. Augustinus zugeschrieben

Herr, du bist groß und hoch zu loben;
groß ist deine Macht, deine Weisheit ohne Ende.
Und dich zu loben wagt der Mensch,
ein winziger Teil deiner Schöpfung;
der Mensch, der dem Tod verfallen ist,
der weiß um seine Sünde und weiß,
dass du dem Hoffärtigen widerstehst;
und dennoch, du selbst willst es so:
wir sollen dich loben aus fröhlichem Herzen;
denn du hast uns auf dich hin geschaffen,
und unser Herz ist unruhig, bis es Ruhe findet in dir.

Aus »Bekenntnisse« des hl. Augustinus (354–430), Kirchenlehrer

Lob sei dir, Herr Gott,
der du bist und warst ohne Ende.
Wir sind dein eigen und loben und ehren dich.
Denn du hast uns geschaffen,
dass wir uns freuten in dir,
und hast uns dein unaussprechliches Licht gegeben,
in dem wir dich ewig genießen sollen.
Herr, lass deine Liebe walten über dem Werk deiner Hände, dem Menschen!
Du bist allein zu fürchten
in deiner unermesslichen Allgewalt,
du bist allein zu ersehnen in deiner Liebe,
du bist allein zu lieben
in deiner unwandelbaren Stetigkeit.
Darum sollst du gelobt sein ohne Ende.

hl. Birgitta von Schweden (1303–1373), Gründerin des Birgittenordens

Lasset uns beten um Weisheit,
dass wir die Frucht des wahren Lebensbaumes,
Christus, genießen
und seine belebende Kraft verkosten.
Lasset uns beten um die Gabe des Verstandes,
dass unser Geistesauge erleuchtet werde.
Lasset uns beten um die Gabe des Rates,
dass wir in Gottes Führung die rechten Pfade
gehen.
Lasset uns beten um die Gabe der Stärke,
dass wir den Ansturm des Bösen entkräften.
Lasset uns beten um die Gabe der Wissenschaft,
dass wir, vom Licht deiner heiligen Lehre durchdrungen, Gutes und Böses unterscheiden.
Lasset uns beten um die Gabe der Liebe,
dass wir ein herzliches Erbarmen in uns hegen.
Lasset uns beten um die Gabe der Furcht,
dass wir Ruhe finden in heiliger Ehrerbietung
vor deiner göttlichen Hoheit.

hl. Bonaventura (1221–1274), Kirchenlehrer

Ich glaube, dass Gott aus allem, auch aus dem
Bösesten, Gutes entstehen lassen kann und will.
Dafür braucht er Menschen, die sich alle Dinge
zum Besten dienen lassen.
Ich glaube, dass Gott uns in jeder Notlage soviel
Widerstandskraft geben will, wie wir brauchen.
Aber er gibt sie nicht im voraus,
damit wir uns nicht auf uns selbst,
sondern allein auf ihn verlassen.
In solchem Glauben müsste alle Angst
vor der Zukunft überwunden sein.
Ich glaube, dass auch unsere Fehler und Irrtümer
nicht vergeblich sind,
und dass es Gott nicht schwerer ist,
mit ihnen fertig zu werden,
als mit unseren vermeintlichen Guttaten.
Ich glaube, dass Gott kein zeitloses Schicksal ist,
sondern dass er auf aufrichtige Gebete und
verantwortliche Taten wartet und antwortet.
Amen.

Dietrich Bonhoeffer (1906–1945, hingerichtet), evangelischer Theologe

Guter Gott, ich bitte dich:
Sei vor mir,
um mir den rechten Weg zu zeigen,
wenn ich irre.
Sei neben mir,
um mich in deine Arme zu schließen,
wenn ich einsam bin.
Sei hinter mir,
um mich zu beschützen,
wenn man mir in den Rücken fällt.
Sei unter mir,
um mich aufzufangen,
wenn ich zu Fall komme.
Sei in mir,
um mich zu trösten,
wenn ich traurig bin.
Sei um mich herum,
um mich zu verteidigen,
wenn andere über mich herfallen.
Sei über mir,
um mich zu segnen,
wenn ich erwachsen werde.

nach Sedulius Caelius (425–450), Dichter

Bleibe bei uns, Herr;
denn es will Abend werden,
und der Tag hat sich geneigt.
Bleibe bei uns und bei deiner ganzen Kirche.
Bleibe bei uns am Abend des Tages,
am Abend des Lebens,
am Abend der Welt.
Bleibe bei uns mit deiner Gnade und Güte,
mit deinem heiligen Wort und Sakrament,
mit deinem Trost und Segen.
Bleibe bei uns, wenn über uns kommt
die Nacht der Trübsal und Angst,
die Nacht des Zweifels und der Anfechtung,
die Nacht des bitteren Todes.
Bleibe bei uns und bei allen deinen Gläubigen
in Zeit und Ewigkeit.
Georg Christian Dieffenbach (1822–1901),
Pfarrer und Dichter

Sonnengesang

Gott in der Höhe, allmächtiger und gütiger Herr!
Preis sei dir und Ruhm, Ehre und Anbetung.
Dir allein, o Höchster, gebühren sie.
Keiner ist würdig, dich nur zu nennen.
Gelobet seist du, o Herr,
mit allen deinen Geschöpfen,
vornehmlich mit der edlen Schwester Sonne,
die uns den Tag und das Licht bringt.
Schön ist sie und strahlt in hellem Glanze:
dein Zeichen, o Höchster.
Gelobet seist du, o Herr,
durch den Bruder Mond und die Sterne.
Du hast sie geschaffen
am Himmel, hell und kostbar und schön.
Gelobet seist du, o Herr, durch den Bruder Wind,
durch Lufthauch und Gewölk,
heit're s und jederlei Wetter,
durch das du deine Geschöpfe erhältst.
Gelobet seist du, o Herr, durch die Schwester,
das Wasser.
Wie nützlich ist es und kostbar,
köstlich und keusch.
Gelobet seist du, o Herr, durch den Bruder,
das Feuer, durch das du die Nacht erleuchtest.
Wie schön und freudig ist es,
gewaltig und stark.

Gelobet seist du, o Herr, durch unsre Schwester,
die Mutter Erde,
die uns trägt und ernährt
und spendet Früchte die Fülle,
bunte Blumen und Kräuter.
Gelobet seist du, o Herr, durch die,
so vergeben in deiner Liebe
und tragen Pein und Bedrängnis.
Selig, die dulden in Frieden.
Denn du, o Höchster, wirst sie krönen.
Gelobet seist du, o Herr, durch unsern Bruder,
den leiblichen Tod,
dem kein Lebendiger kann entrinnen.
Weh denen, die sterben in Todes Sünden.
Doch selig, die getan
nach deinem heiligsten Willen.
Kein Leid wird ihnen antun der andere Tod.
Lobet und preiset den Herrn mit Danken
und dienet ihm in Furcht und Demut.

hl. Franz von Assisi (1181/82–1226), Gründer des Franziskanerordens

Herr, mach aus mir
ein Werkzeug deines Friedens.
Wo Hass herrscht, lass mich Liebe bringen;
wo Beleidigung, die Vergebung;
wo Zwietracht, die Einheit;
wo Irrtum, die Wahrheit;
wo Zweifel, den Glauben;
wo Verzweiflung, die Hoffnung;
wo Finsternis, das Licht;
wo Traurigkeit, die Freude.
Herr, lass mich weniger danach trachten,
getröstet zu werden, als zu trösten;
verstanden zu werden, als zu verstehen;
geliebt zu werden, als zu lieben.
Denn wer sich hingibt, der empfängt;
wer sich selbst vergisst, der findet sich;
wer verzeiht, der erlangt Verzeihung;
und wer stirbt, der wird auferweckt
zum ewigen Leben.

dem hl. Franz von Assisi zugeschrieben

Herr, du kennst meinen Weg,
den Weg, der hinter mir liegt,
und den, der vor mir liegt.
Du begleitest mich in jedem Augenblick.
Du bist immer für mich da.
Was erwartest du von mir?
Weil du mich führst, kann ich versuchen,
mich selbst zu führen,
dass meine Augen und Ohren unterscheiden
lernen,
dass meine Hände anderen helfen lernen,
dass mein Denken das Richtige findet,
dass mein Herz das Rechte entscheiden lernt.
Weil du mich führst,
will ich meinen Weg versuchen.

Charles de Foucauld (1858–1916, ermordet), französischer Missionar und Afrikaforscher

Ich bitte dich, Herr, um die große Kraft,
diesen kleinen Tag zu bestehen,
um auf dem großen Wege zu dir
einen kleinen Schritt weiterzugehen.
Ernst Ginsberg

Geheiligt werde dein Name –
nicht der meine,
dein Reich komme –
nicht das meine,
dein Wille geschehe –
nicht der meine.
Gib uns Frieden mit dir,
Frieden mit den Menschen,
Frieden mit uns selbst
und befreie uns von Angst.
Dag Hammarskjöld (1905–1961, Flugzeugabsturz),
schwedischer Politiker und Diplomat, 1953–1961
UN-Generalsekretär, Friedensnobelpreis 1961 (posthum)

Inständig bete ich zu Gott um das Wohl aller:
dass ihre gerechten Erwartungen erfüllt werden;
dass die Zeiten der Krise und ihre Ursachen
überwunden werden;
dass die Arbeit für niemanden je
eine Entfremdung bedeutet;
dass sie im Gegenteil von allen
als ein Wert geschätzt wird,
weil dort die Gerechtigkeit triumphiert
und noch mehr die Liebe;
dass die Arbeitsbedingungen dem Menschen
angepasst sind
und der Mensch sich in seiner Arbeitswelt
gleichsam wie zu Hause fühlen kann;
dass die Arbeit dem Menschen hilft,
mehr Mensch zu sein;
und dass durch die Anstrengung aller
der Aufbau einer neuen Gesellschaft
und einer neuen Welt erreicht werden kann,
in der vollen Verwirklichung der Gerechtigkeit,
der Freiheit und des Friedens.

Papst Johannes Paul II.

Gott, unser Vater, wir beten für diejenigen,
die durch ihre eigene Hand von uns gingen.
Wir bitten für diese Seelen, die in schrecklichen
Schmerzen persönlicher Verzweiflung
die Erde zu früh und zu plötzlich für uns
verlassen haben!
Die Gnade deiner Allmacht tröste sie
und helfe ihnen zu einem besseren Leben,
zu einem echten, ja größeren Sinn zu finden.
In körperlicher und seelischer Qual,
in der Einsamkeit des Herzens,
im mangelnden Glauben
und im Verlust deines Lichtes
haben sie deine Ordnung nicht erkannt
und verfehlt.
Wir flehen dich an, lindere die Qual ihres Irrtums,
erleuchte ihre Dunkelheit mit der Offenbarung,
dass ihr Leben nicht geendet hat,
sondern weitergeht.
Und wenn wir an die Reue denken,
die wir erfahren,
wenn wir unserer Irrwege bewusst werden,
dann erfüllt uns Mitleid mit denen,
die so unwiderruflich geirrt haben.
Wir hoffen aus ganzem Herzen
auf deine Barmherzigkeit. Hilf ihnen!

Euphemia Johnson (1825–1905), amerikanische Schriftstellerin

Seele Christi, heilige mich.
Leib Christi, rette mich.
Blut Christi, tränke mich.
Wasser der Seite Christi, wasche mich.
Leiden Christi, stärke mich.
O gütiger Jesus, erhöre mich.
Verbirg in deinen Wunden mich.
Von dir lass nimmer scheiden mich.
In meiner Todesstunde rufe mich,
mit deinen Heiligen zu loben dich,
in deinem Reiche ewiglich. Amen.

hl. Ignatius von Loyola (1491–1556), Gründer des Ordens der Jesuiten

Nimm hin, Herr, und empfange meine ganze
Freiheit, mein Gedächtnis, meinen Verstand
und meinen ganzen Willen,
meine ganze Habe und meinen Besitz.
Du hast es mir gegeben,
dir, Herr, gebe ich es zurück;
alles ist dein,
verfüge nach deinem ganzen Willen;
gib mir deine Liebe und Gnade,
das ist mir genug.

hl. Ignatius von Loyola

Ich danke dir, mein himmlischer Vater,
durch Jesum Christum, deinen lieben Sohn,
dass du mich diese Nacht vor allem Schaden
und aller Gefahr behütet hast,
und bitte dich, du wollest mich diesen Tag
auch behüten vor Sünden und allem Übel,
dass dir all mein Tun und Leben gefalle.
Denn ich befehle mich, meinen Leib und meine
Seele
und alles in deine Hände.
Dein heiliger Engel sei mit mir,
dass der böse Feind keine Macht an mir finde.
Martin Luther (1483–1546), Reformator

Ich danke dir, mein himmlischer Vater,
durch Jesum Christum, deinen lieben Sohn,
dass du mich diesen Tag gnädiglich behütet hast,
und bitte dich, du wollest mir vergeben
alle meine Sünde, wo ich Unrecht getan habe,
und mich diese Nacht gnädiglich behüten.
Denn ich befehle mich, meinen Leib und meine
Seele
und alles in deine Hände.
Dein heiliger Engel sei mit mir,
dass der böse Feind keine Macht an mir finde.
Martin Luther

Herr, wie du willst, soll mir gescheh'n,
und wie du willst, so will ich geh'n;
hilf deinen Willen nur versteh'n!
Herr, wann du willst, dann ist es Zeit;
und wann du willst, bin ich bereit
heut und in alle Ewigkeit.
Herr, was du willst, das nehm' ich hin,
und was du willst, ist mir Gewinn;
genug, dass ich dein Eigen bin.
Herr, weil du's willst, drum ist es gut;
und weil du's willst, drum hab ich Mut.
Mein Herz in deinen Händen ruht.

Pater Rupert Mayer SJ (1876–1945), Gegner des Nationalsozialismus, 1987 seliggesprochen

Groß ist unser Herr und groß seine Macht
und seiner Weisheit kein Ende!
Lobet ihn, Sonne, Mond und Planeten,
in welcher Sprache immer
euer Loblied dem Schöpfer erklingen mag.
Lobet ihn, ihr himmlischen Harmonien,
und auch ihr, die Zeugen und Bestätiger
seiner enthüllten Wahrheiten!
Und du, meine Seele, singe die Ehre des Herrn
dein Leben lang!

Von ihm und durch ihn und zu ihm
sind alle Dinge, die sichtbaren und unsichtbaren.
Ihm allein sei Ehre und Ruhm
von Ewigkeit zu Ewigkeit! Amen.

Johannes Kepler (1571–1630), größter Astronom seiner Zeit, entdeckte die nach ihm benannten drei Keplerschen Gesetze der Planetenbewegung

Allmächtiger Gott, der du den Menschen
nach deinem Ebenbilde geschaffen
und ihm eine lebende Seele gegeben hast,
dass er dich suchen
und über deine Geschöpfe herrschen soll,
lehre uns die Werke deiner Hände so erforschen,
dass wir die Erde zu unserem Gebrauch
und unsere Vernunft für deinen Dienst kräftigen,
und lass uns dein heiliges Wort also aufnehmen,
dass wir an jenen glauben, den du gesandt hast,
uns die Wissenschaft des Heiles
und die Vergebung unserer Sünden zu geben.
Worum alles wir bitten in dem Namen
desselben Jesus Christus, unseres Herrn.

James Clerk Maxwell (1831–1879), bedeutender schottischer Physiker

Schenke mir eine gute Verdauung, Herr,
und auch etwas zum Verdauen.
Schenke mir Gesundheit des Leibes
mit dem nötigen Sinn dafür,
ihn möglichst gut zu erhalten.
Schenke mir eine heilige Seele, Herr,
die das im Auge behält, was gut ist und rein,
damit sie im Augenblick der Sünde nicht erschrek-
ke, sondern das Mittel finde,
die Dinge wieder in Ordnung zu bringen.
Schenke mir eine Seele,
der die Langeweile fremd ist,
die kein Murren kennt
und kein Seufzen und Klagen,
und lass nicht zu,
dass ich mir allzu viel Sorgen mache
um dieses sich breit machende Etwas,
das sich »Ich« nennt.
Herr, schenke mir Sinn für Humor,
gib mir die Gnade,
einen Scherz zu verstehen,
damit ich ein wenig Glück kenne im Leben
und anderen davon mitteile.

hl. Thomas Morus (1478–1535, enthauptet), Staatstheoretiker und Humanist, Lordkanzler Heinrichs VIII. von England

Ich brauche dich,
dass du mich lehrest Tag um Tag,
nach jeden Tages Forderung und Nöten.
Gib mir, o Herr, die Klarheit des Gewissens,
die allein nur deinen Einhauch fühlen
und begreifen kann.
Meine Ohren sind taub,
ich kann deine Stimme nicht vernehmen.
Meine Augen sind trüb,
ich kann nicht deine Zeichen sehn.
Du allein kannst mein Ohr schärfen und meinen Blick klären, und reinigen und erneuern mein Herz.
Lehre mich zu deinen Füßen sitzen
und hören auf dein Wort. Amen.

John Henry Newman (1801–1890), englischer Theologe und Publizist, anglikanischer Pfarrer, dann katholischer Priester und Kardinal

Mein Herr und mein Gott,
nimm alles von mir, was mich hindert zu dir.
Mein Herr und mein Gott,
gib alles mir, was mich fördert zu dir.
Mein Herr und mein Gott,
nimm mich mir und gib mich ganz zu Eigen dir.

hl. Nikolaus von Flüe (1417–1487), schweizerischer Mystiker und Einsiedler

Du hast uns die Liebe als Arznei gegeben, o Gott,
und willst, dass der Arzt in dieser Liebe
eingeschlossen sei, um den Kranken zu heilen.
So wie deine Liebe kein Ende hat,
soll auch unser Forschen und Dienen
kein Ende haben.
Ohne deine Hilfe ist der Arzt machtlos,
aber mit dir vermag er das Höchste.
Du bedienst dich unser,
weil du selber gern im Verborgenen bleibst.
Dein Wille ist, dass du durch uns die Kranken heilst.
Du gießest Freude am ewigen Leben in das Herz ein,
und jeder, der an dich glaubt,
wird lebendig auferstehen
und den Tod nicht schmecken.
Du hast im Menschen die Kräfte aller Elemente
geheimnisvoll zusammengefasst,
so wie ein Arzt, der aus den Säften der Kräuter
die Kraft zum Heilen zieht.
Lass mich alles zum Nutzen der Kranken
nach bestem Vermögen und Urteil anordnen,
alles Schädliche von ihnen fernhalten.
Lass mich heilig und rein meine Kunst
und mein Leben bewahren. Amen.

Philippus Paracelsus (1493–1541), Arzt und Reformator der Medizin, Naturforscher und Philosoph

Ich bitte weder um Gesundheit
noch um Krankheit,
weder um Leben noch um Tod, sondern darum,
dass du über meine Gesundheit
und meinen Tod verfügst
zu deiner Ehre und zu meinem Heile.
Du allein weißt, was mir dienlich ist.
Du bist der souveräne Herr, tue, was du willst.
Gib mir, nimm mir!
Herr, ich weiß, dass ich nur eines weiß:
dass es mir gut ist, dir zu folgen,
und dass es mir schädlich ist, dich zu beleidigen.
Ich weiß nicht, was mir nützlicher ist,
Gesundheit oder Krankheit,
Reichtum oder Armut,
und ebenso bei allen Dingen der Welt.
Das ist eine Entscheidung,
die die Kraft der Menschen und Engel übersteigt
und die in den Geheimnissen der Vorsehung
verborgen liegt,
die ich anbete und nicht ergründen will. Amen.

Blaise Pascal (1623–1662), französischer Mathematiker, Physiker und Religionsphilosoph

Ich erhebe mich heute in gewaltiger Kraft,
in Anrufung der Heiligsten Dreifaltigkeit,
im Glauben an die Dreiheit,
im Bekenntnis der Einheit des Weltenschöpfers.
Ich erhebe mich heute kraft der Geburt Christi
und seiner Taufe,
kraft der Kreuzigung und Grablegung,
kraft seiner Auferstehung und Himmelfahrt,
kraft seiner Wiederkunft zum Jüngsten Gericht.
Ich erhebe mich heute
verbunden mit der Liebe der Cherubim
und der Stärke der Seraphim,
verbunden mit den Gebeten der Patriarchen
und der Weissagung der Propheten.
Ich erhebe mich heute inmitten der Kräfte
des Himmels und der Erde,
im Lichte der Sonne und im Glanz des Mondes,
im Leuchten der Feuerglut
und im Sprühen der Blitze,
im Brausen der Stürme und im Fluten der Meere –
unter mir die Feste der Erde,
vor mir die Härte der Felsen!
Ich weihe mich heute Gottes mächtiger Führung,
Gottes wachendem Auge,
Gottes lauschendem Ohr,
Gottes schützenden Händen,
Gottes fürsprechendem Wort,
Gottes leitender Weisheit,

Gottes offenen Wegen,
Gottes bergendem Schild,
Gottes rettender Heerschar.
Er schirme mich heute
vor den Schlingen des Teufels,
vor Versuchungen der Sünde,
vor Lockungen des Fleisches,
vor jedem, der mir übel will,
nah und fern, allein und in der Menge.
Er schütze mich heute vor jeder erbarmungslosen
und grausamen Gewalt,
die meine Seele oder meinen Leib bedroht.
Er schütze mich heute vor Einflüsterungen
falscher Propheten,
gottloser Menschen, gemeiner Gesellen.
Christus sei mit mir,
Christus sei vor mir,
Christus sei in mir,
Christus sei unter mir,
Christus sei über mir,
Christus zur Rechten,
Christus zur Linken,
Er die Kraft,
er der Friede!
Christus sei, wo ich liege,
Christus sei, wo ich stehe,
Christus sei, wo ich sitze,
Christus in der Tiefe,
Christus in der Höhe,

Christus in der Weite.
Er sei im Munde eines jeden,
der von mir spricht,
er sei im Auge eines jeden,
der auf mich sieht,
er sei im Ohr eines jeden,
der auf mich hört.
Christus sei mein Herr, Christus mein Erlöser.
Ich erhebe mich heute mit gewaltiger Kraft,
in Anrufung der Heiligsten Dreifaltigkeit,
im Glauben an die Dreiheit,
im Bekenntnis der Einheit des Weltenschöpfers.
Amen.

hl. Patrick von Irland (um 385–461), Apostel Irlands, schuf eine eigenständige Nationalkirche.

Jesus, der du den Leprakranken berührt hast,
befreie uns von unseren Abneigungen;
der du mit denen gegessen hast,
die sich vorher nicht gewaschen haben,
befreie uns davon, überempfindlich zu sein;
der du weder die Rechte noch die Linke
bevorzugt hast,
befreie uns davon, parteiisch zu sein;
der du Petrus berufen und wieder berufen hast,
befreie uns davon, verärgert und gekränkt zu sein;
der du die geschäftige Martha

und die besinnliche Maria geliebt hast,
befreie uns davon, auf das Ansehen der Person
zu achten;
befreie uns heute, der du heute gibst
und nicht auf morgen vertröstest.

Christina Georgina Rossetti (1830–1884), englische Schriftstellerin

Ich bitte nicht um Wunder und Visionen, Herr,
sondern um Kraft für den Alltag.
Lehr mich die Kunst der kleinen Schritte:
Mach mich sensibel in der richtigen Zeiteinteilung.
Schenke mir das Fingerspitzengefühl,
um herauszufinden,
was erstrangig und was zweitrangig ist.
Lass mich erkennen,
dass Träume nicht weiterhelfen,
weder über die Vergangenheit
noch über die Zukunft.
Hilf mir, das Nächste so gut wie möglich zu tun
und die jetzige Stunde als die wichtigste
zu erkennen.
Bewahre mich vor dem naiven Glauben,
es müsste im Leben alles glatt gehen.
Schenke mir die nüchterne Erkenntnis,
dass Schwierigkeiten, Niederlagen,
Misserfolge, Rückschläge

eine selbstverständliche Zugabe zum Leben sind,
durch die wir wachsen und reifen.
Erinnere mich daran,
dass das Herz oft gegen den Verstand streikt.
Schick mir im rechten Augenblick jemand,
der den Mut hat,
mir die Wahrheit in Liebe zu sagen.
Ich weiß, dass sich viele Probleme
nur langsam lösen.
Gib, dass ich warten kann.
Verleihe mir die nötige Phantasie,
im rechten Augenblick ein Päckchen Güte,
mit oder ohne Wort,
an der richtigen Stelle abzugeben.
Bewahre mich vor der Angst,
ich könnte das Leben versäumen.
Gib mir nicht, was ich mir wünsche,
sondern was ich brauche.
Lehr mich die Kunst der kleinen Schritte.

Antoine de Saint-Exupéry (1890–1944), französischer Schriftsteller und Pilot

Gib mir Kraft für einen Tag!
Herr, ich bitte nur für diesen,
dass mir werde zugewiesen,
was ich heute brauchen mag.

Jeder Tag hat seine Last,
jeder Tag bringt neue Sorgen,
und ich weiß nicht, was für morgen
du mir, Herr, beschieden hast.

Aber eines weiß ich fest,
dass mein Gott, der seine Treue
täglich mir bewies aufs neue,
sich auch morgen finden lässt.

Gib mir heute deinen Geist,
dass das Band wird stark erfunden,
das mich hält mit dir verbunden
und bis morgen nicht zerreißt.

Nun, so will ich meine Bahn
ohne Sorgen weiter schreiten.
Du wirst Schritt für Schritt mich leiten
bis mein letzter Schritt getan.

hl. Edith Stein (Teresia Benedicta vom Kreuz, 1891–1942, im KZ ermordet), Jüdin, konvertierte zum katholischen Glauben, Karmelitin, 1998 heiliggesprochen, Schutzpatronin Europas

Herr, mach aus mir ein Werkzeug
deines Friedens.
Wenn Hass herrscht, lass uns selbstlos lieben.
Wenn Kränkung weh tut, lass uns verzeihen.
Wo Zwietracht herrscht, lass uns Frieden stiften.
Wenn sich Irrtum einnistet,
lass uns Wahrheit verkünden.
Wenn der Zweifel lähmt,
lass uns Glauben erwecken.
Wenn die Not schwer lastet,
lass uns die Hoffnung wiederbeleben.
Wo die Dunkelheit undurchdringlich wird,
lass uns Licht bringen.
Und wenn Traurigkeit herrscht,
lass uns Freude verbreiten.
Herr, mach, dass ich eher zu trösten suche,
als selber getröstet zu werden;
andere zu verstehen, als verstanden zu werden;
zu lieben, als geliebt zu werden;
denn wenn man sich selber vergisst,
findet man sich, wenn man verzeiht,
wird einem verziehen,
wenn man stirbt, erwacht man zum ewigen Leben.

hl. Mutter Teresa (1910–1997), gründete den Orden »Missionarinnen der Nächstenliebe«, 1979 Friedensnobelpreis

Nichts soll dich ängstigen,
nichts dich erschrecken.
Alles geht vorüber.
Gott allein bleibt derselbe.
Alles erreicht der Geduldige,
und wer Gott hat, der hat alles.
Gott allein genügt.

hl. Teresa von Ávila (Teresa von Jesus, 1515–1582), spanische Karmelitin, Mystikerin und Kirchenlehrerin

Am Abend meines Lebens werde ich
mit leeren Händen vor dir erscheinen.
Denn ich bitte,
zähle meine guten Werke nicht, Herr.
Alle unsere Gerechtigkeit
ist voller Fehler in deinen Augen.
Ich will mich also
mit deiner Gerechtigkeit bekleiden
und von deiner Liebe dich selbst empfangen.

hl. Thérèse von Lisieux (1873–1897), französische Karmelitin, Mystikerin und Kirchenlehrerin

Gewähr mir, ich bitte dich,
Allmächtiger und Allerbarmer Gott,
die Gnade, glühend zu ersehnen,
weise zu erforschen und vollkommen zu erfüllen,
was immer wohlgefällig ist vor dir.
Lenke meinen Weg in der Weise
zum Ruhme deines Namens.
Und gewähre mir für alles,
was du von mir verlangst,
die rechte Einsicht, Willen und Vermögen,
dass ich es so vollbringe, wie ich soll,
und lass meinen Weg zu dir, ich bitte dich,
sicher, gerade und vollkommen sein bis zum Ende.
Gib mir, o Herr, ein festes Herz,
das keine unwürdige Leidenschaft niederzieht;
gib mir ein unüberwindliches Herz,
das keine Trübsal niederbeugt;
gib mir ein aufrechtes Herz,
das kein niedriges Streben
auf Abwege bringen kann.
Erfülle mich auch, o Herr, mein Gott,
mit Verstand, dich zu erkennen,
mit Eifer, dich zu suchen,
mit Weisheit, dich zu finden,
mit einer Treue,
dass ich am Ende dich umarmen darf.

hl. Thomas von Aquin (um 1225–1274), Theologe und Philosoph, Kirchenlehrer

Gebete aus aller Welt

Gott, unser Vater,
du Sucher der menschlichen Herzen,
hilf uns, dass wir zu dir kommen
in Aufrichtigkeit und Wahrheit.
Stärke und vermehre unsere Bewunderung
für ehrliches Handeln und sauberes Denken,
dulde nicht, dass unser Hass gegen Heuchelei
und falschen Schein sich jemals verringere.
Ermutige uns in unserem Bemühen,
über dem gemeinen Durchschnitt zu leben.
Lass uns den schweren Weg des Rechtes
statt den leichteren des Unrechts wählen,
und lass uns nie zufrieden sein
mit einer halben Wahrheit,
wenn die ganze gewonnen werden kann.
Schenke uns Mut, der geboren wird
aus der Hingabe an alles Edle und Würdige,
der verschmäht, sich mit Laster und
Ungerechtigkeit einzulassen,
und der keine Furcht kennt,
wenn Wahrheit und Recht in Gefahr sind.
Hilf uns in unserer Arbeit und bei unserem Spiel,
uns körperlich gesund, geistig wach
und moralisch gefestigt zu halten,
damit wir um so besser
die Ehre unseres Banners wahren können,
unbefleckt und unbeschmutzt,
und uns wie Männer bemühen,

unsere Ideale in der Erfüllung unserer Pflichten
gegen dich und unser Land zu verwirklichen.
Um alles dies aber bitten wir dich
im Namen des großen Freundes
und Meisters der Menschen,
Jesu Christi,
unseres Herrn, der mit dir lebt und herrscht
in der Einheit des Heiligen Geistes,
Gott von Ewigkeit zu Ewigkeit, Amen.
Gebet der englischen Kadetten

Beim aufgehenden Morgenlicht
preisen wir dich, o Herr;
denn du bist der Erlöser der ganzen Schöpfung.
Schenk uns in deiner Barmherzigkeit einen Tag,
erfüllt mit deinem Frieden.
Vergib uns unsre Schuld.
Lass unsre Hoffnung nicht scheitern.
Verbirg dich nicht vor uns.
In deiner sorgenden Liebe trägst du uns;
lass nicht ab von uns,
du allein kennst unsre Schwäche,
O Gott, verlass uns nicht.
Gebet der ostsyrischen Christen

Lehre mich, o Herr,
die Regeln der Spiele zu beachten.
Lehre mich, bescheiden zu sein und,
wenn es schiefgeht, nicht zu heulen.
Hilf mir, dass ich unterscheiden lerne
zwischen Echtheit und Großsprecherei.
Gestatte nicht, dass ich billiges Lob
austeile oder anhöre.
Lehre mich siegen, wenn es mir die Kraft eingibt.
Wenn ich nicht siegen kann
– dann vor allen Dingen –,
erhöre mein Gebet
und lass mich die Niederlage mit Würde tragen.

Inschrift einer Tafel im Schloss zu Sandringham House, dem Landsitz der englischen Königin

Wir sind erwacht.
Der Schlaf ist noch in unseren Augen,
aber auf unseren Lippen
soll sofort dein Lob sein.
Wir loben und preisen dich
und beten dich an.
Wir, das ist die Erde, das Wasser
und der Himmel.
Das sind die Gräser und Sträucher und Bäume.
Das sind die Vögel und alle anderen Tiere.
Das sind die Menschen hier auf der Erde.
Alles, was du erschaffen hast,
freut sich an deiner Sonne und an deiner Gnade
und wärmt sich daran.
Darum sind wir so froh in dieser Morgenstunde,
o Herr.
Mach, dass die Stunden und Minuten
nicht in unseren Händen zerrinnen,
sondern in deine Fülle münden.
Aus Afrika

Ich habe keinen anderen Helfer als dich,
keinen anderen Erlöser, keinen anderen Halt.
Zu dir bete ich, nur du kannst mir helfen.
Die Not ist zu groß, in der ich jetzt stehe.
Die Verzweiflung packt mich an,
und ich weiß nicht mehr ein noch aus.
Ich bin ganz unten,
und ich komme allein nicht mehr hoch
noch heraus,
Wenn es dein Wille ist,
dann befreie mich aus dieser Not.
Lass mich wissen,
dass du stärker bist als alle Not
und alle meine Feinde.
O Herr, wenn ich durchkomme,
dann lass doch diese Erfahrung zu meinem
und dem Heile meiner Brüder beitragen.
Du verlässt mich nicht. Ich weiß das. Amen.
Aus Afrika

Ich komme, dir zu danken,
Herr, mein Gott.
Wie der Fisch nicht ohne Wasser leben kann,
so kann ich nicht ohne dich sein.
Du hast mich erschaffen,
du erhältst mein Leben.
Heute komme ich zu dir,
heute möchte ich dir danken für das Leben,
das du mir immer wieder neu schenkst.
Ich komme, dir zu danken,
ich komme, dir zu sagen,
wie sehr ich das Leben liebe.
Vor allem freue ich mich,
dass ich dein Kind sein darf,
dass ich göttliches Leben tragen darf,
dass ich deinen Heiligen Geist spüren darf.
Herr, du willst in mir leben, sei mein Gast.
Von ganzem Herzen danke ich dir
für diese Ehre, für diese Freude.
Aus Obervolta

Warum?
Vater unser, wenn du im Himmel bist
und dein Name heilig ist,
warum geschieht dann nicht dein Wille,
auf der Erde wie im Himmel?
Warum gibst du nicht allen ihr tägliches Brot?
Warum vergibst du uns nicht unsere Fehler,
damit wir unser Klagen vergessen?
Warum fallen wir noch in die Versuchung
zu hassen?
Wenn du im Himmel bist, unser Vater,
warum befreist du uns nicht von dem Bösen,
damit wir dann sagen: Amen?

Marialzira Perestrello, Brasilien

In den Tagen der Angst und Einsamkeit,
bei schwierigen Übergängen und in Bedrängnis,
gibst du, Herr, mir Stärke.
Im Kampf für Wahrheit und Gerechtigkeit,
im Einsatz und in der Enttäuschung,
machst du, Herr, mich gewiss.
Wenn ich traurig bin oder wenn ich lache,
bei den alltäglichen Dingen und bei der Arbeit,
bist du, Herr, mein Begleiter.
Immer bist du, Herr, die Freude in meinem Leben
und der Friede auf meinem Weg.
Aus Brasilien

Ein Teil der Gebete ist Allgemeingut der Christenheit, teilweise mündlich überliefert. Diese sowie viele weitere der hier gesammelten Gebete finden sich in unterschiedlichen Fassungen in verschiedenen Gebetssammlungen.

Wir haben uns bemüht, alle Inhaber von Textrechten in Erfahrung zu bringen. Für zusätzliche Hinweise sind wir dankbar.

Folgende Quellen wurden zur Erstellung des Buches herangezogen:

Die Feier der heiligen Messe. Messbuch für die Bistümer des deutschen Sprachgebietes, 1975.
Die Ständige Kommission für die Herausgabe der gemeinsamen liturgischen Bücher im deutschen Sprachgebiet erteilte für die aus diesen Büchern entnommenen Texte die Abdruckerlaubnis.
© 2019 staeko.net

Evangelisches Gesangbuch, Ausgabe für die Evangelisch-Lutherischen Kirchen in Bayern und Thüringen. Evangelischer Presseverband für Bayern e. V., München / Wartburgverlag, Weimar 1994

Christoph Einiger / Charles Waldemar, Die schönsten Gebete der Welt. Comoran in der Südwest Verlag GmbH, München 1998

Josef Gülden, In den Tagen der Hoffnung. St. Benno Verlag GmbH, Leipzig 1999

Wolf Brixner / Olga Hellmich-Brixner (Hg.), Gebete für alle Tage. Bechtermünz Verlag, Augsburg 2000

Reinhard Kürzinger / Bernhard Sill, Das große Buch der Gebete. Verlag Hohe GmbH, Erfstadt 2007

Reinhard Abeln, Das große Buch der Gebete für die ganze Familie. St. Benno Verlag GmbH, Leipzig 2011

Gotteslob, Katholisches Gebet- und Gesangbuch. © 2013 Katholische Bibelanstalt GmbH, Stuttgart

Alle Bibeltexte: Einheitsübersetzung der Heiligen Schrift, vollständig durchgesehene und überarbeitete Ausgabe. © 2016 Katholische Bibelanstalt GmbH, Stuttgart